KENDİ KEN
İNGİLİZCE KO

PRA
TURKISH - ENGLISH GUIDE

FONO YAYINLARI : 201
KONUŞMA KILAVUZLARI DİZİSİ

Kapak tasarımı:	Hüseyin BİLİŞİK
Kapak baskı:	Begüm Ofset
Baskı:	Ayhan Matbaası
Basım tarihi:	Ekim 2010

ISBN: 978 975-471-176-9
Y.S.NO: 11627

FONO ÖZEL EĞİTİM KURUMLARI VE YAYIN DAĞITIM
SAN. VE TİC. LTD. ŞTİ.
Ambarlı Beysan Sitesi Birlik Cad. No:32 Avcılar-İstanbul
Tel: 0212 422 77 60 Faks: 0212 422 29 01
fono@fono.com.tr
www.fono.com.tr

kendi kendine pratik ingilizce konuşma kılavuzu

T.C. MİLLİ EĞİTİM BAKANLIĞI
FONO
ÖZEL EĞİTİM KURUMLARI

Hazırlayan:
Şerif DENİZ

Denetleyen:
Gordon JONES
Orhan ERCEM

ÖNSÖZ

Bu kitabın amacı İngilizce öğrenmekte olan veya bu dili öğrenmeye henüz başlamış bulunan kimselere, yurtdışına gittiklerinde ya da Türkiye'de bir yabancıyla konuşmaları gerektiğinde çeşitli konularda isteklerini anlatabilme ve söylenenleri bir dereceye kadar anlama yeteneği kazandırmaktır.

Bunun dışında, İngilizce öğrenmekte olan kişilerin de kitaptaki cümleleri tekrarlayarak bildiklerini gözden geçirmek, bilmediklerini öğrenmek suretiyle yararlanmaları da mümkündür. Bu, onlara konuşma pratiği kazandıracak ve konuşma dilindeki kalıpları öğretecektir.

Kitaptaki konular çeşitli yer ve durumlara göre düzenlenmiştir. Aranılan konunun hangi sayfada olduğu "İÇİNDEKİLER" bölümünde kolayca görülebilir.

Cümleler verilirken önce Türkçe'si verilmiş, onun altında İngilizce karşılığı yer almıştır. İngilizce cümlenin okunuşu hemen altında ve parantez içindedir.

Bölümlerin arkasında o konuda konuşmalarda geçebilecek sözcükler verilmiştir. Bunlar o bölümdeki cümleler-de diğer sözcüklerin yerine kullanılarak isteğe göre pek çok cümle yapılabilir. Örneğin, "Bugün hava sıcak." cümle kalıbında "sıcak" yerine "ılık, soğuk, güneşli, yağmurlu" sözcükleri getirilerek birçok cümle elde edilebilir.

İNGİLİZCE OKUNUŞ BİLGİSİ

İngilizcede olduğu halde Türkçede bulunmayan sesler bu kitapta **o, ı, e, ö, d, t** şeklinde siyah gösterilmiştir. Okunuşlarda siyah harfler ile belirtilen bu sesler hakkında kısaca bilgi verelim.

o : Bunu okumak için ağız normal o sesini çıkarırken biraz daha fazla açılmalıdır. Bu şekilde o ila a arası bir ses meydana gelir. İşte siyah /**o**/ bu sesi göstermektedir. Örn : **dog** /d**o**g/, **not** /n**o**t/.

ı : Türkçedeki ı ile e arası bir sesle okunur. Ağız Türkçe'deki ı sesini çıkartırken olduğu gibi gergin ve az açık tutulmayıp gevşek ve biraz daha fazla açılmış durumdayken ı denecek olursa /**ı**/ ile gösterdiğimiz ses çıkartılmış olur. Örn : **flower** /'flau**ı**r/, **woman** /'wum**ı**n/.

e : Ağız Türkçe'deki a sesini çıkartmak için açılmışken e denecek olursa siyah /**e**/ ile gösterdiğimiz ses elde edilmiş olur. Örn : **bag** /b**e**g/.

ö : Siyah /**ı**/ ile gösterdiğimiz sesin uzunu olan bu ses Türkçedeki uzun /ö/ sesine çok yakındır. Örn : **girl** /g**ö**:l/, **shirt** /ş**ö**:t/.

t : Dilin ucu, üst dişlerin uç kısmına hafifçe dokunur durumdan ayrılırken /**t**/ denecek olursa bu ses çıkarılmış olur. Örn : **thin** /**t**in/, **mouth** /mau**t**/.

d : Dilin ucu, üst dişlerin uç kısmına hafifçe dokunur durumdan ayrılırken /**d**/ denecek olursa bu ses çıkarılmış olur. Örn : **this** /**d**is/, **father** /'fa:**dı**/.

/ng/ : İngilizce sözcük sonlarındaki ng harflerinin okunuşu bu harfleri ayrı ayrı belirtmek suretiyle değil, dilin gerisi arka damakta dayalı haldeyken /n/ sesi çıkarmak suretiyle yapılır.

/w/ : Bu ses, duvak ve duvar sözcüklerindeki gibi dudak yuvarlanarak söylenen /v/ sesine benzer.

: işareti : Sesli bir harfin yanında bulunan /:/ işareti o seslinin biraz uzunca okunacağını gösterir.

İÇİNDEKİLER

Birkaç söz
Dil Bilme
Selamlaşma
Kendiniz hakkında
Tanışma
Rica, istek
Teşekkür etme
Vedalaşma
Bilgi edinme
İşaretler
Zaman Bildirme
Genel konuşmalar
Soru sözcükleri
Hava sorma
Tarih sorma
Eğitim bilgileri
Özel zevkler

Bölüm 1

Genel Konular

ÇOK ÖNEMLİ BİRKAÇ SÖZ

Evet.	**Yes.** /yes/
Hayır.	**No.** /nou/
Affedersiniz.	**Excuse me.** /ik'skyu:z mi/
Teşekkür ederim.	**Thank you.** /**te**nk yu/

Çok teşekkür ederim.	**Thank you very much.** /**te**nk yu 'veri maç/
Bir şey değil.	**Not at all.** /not et **o:**l/
Rica ederim.	**That's all right.** /**de**ts **o:**l rayt/
Çok rica ederim.	**Don't mention it.** /dount 'menşın it/

Estağfurullah.	**Not at all.** /not et **o**:l/
Pardon!	**Pardon!** /'pa:dın/
Anlaştık.	**Agreed.** /ı'gri:d/
Lütfen bana yardım edin.	**Please help me.** /pli:z help mi/
Yardımcı olabilir misiniz?	**Can you help me?** /ken yu help mi/
Özür dilerim.	**I am sorry.** /ay em 'sori/
Lütfen.	**Please.** /pli:z/
Pekâlâ.	**All right.** /**o**:l rayt/
Bay ...	**Mr. ...** *(Soyadı önünde kullanılır.)* /'mistı/
Beyefendi.	**Sir.** /s**ö**:/
Bayan ...	**Mrs ...** *(Evli bayanın soyadı önünde kullanılır.)* /'misiz/
Bayan ...	**Miss ...** *(Evli olmayan bayanın soyadı önünde kullanılır.)* /mis/
Allahaısmarladık.	**Goodbye.** /gud'bay/

Güle güle.	**Goodbye.** /gud'bay/
Bu nedir?	**What is this?** /wot iz dis/
... neredir?	**Where is ...?** /weı iz .../
Lütfen buraya geliniz.	**Come here, please.** /kam hiı pli:z/
Lütfen oturunuz.	**Please sit down.** /pli:z sit daun/

Doğru mu?	**Is it correct?** /iz it kı'rekt/
Hayır, doğru değil; yanlış.	**No, it is not correct; it is wrong.** /nou it iz not kı'rekt it iz rong/
Evet, doğru.	**Yes, it is correct.** /yes it iz kı'rekt/

Tamam!	**Okay!** /ou'key/
Güzel.	**Good.** /gud/
Tabii.	**Of course.** /ov ko:s/
Belki.	**Perhaps.** /pı'heps/
Sahi mi?	**Really?** /riıli/
Elbette.	**Certainly.** /'sö:tınli/
Olmaz.	**No.** /nou/
Mümkün değil.	**Impossible.** /im'posıbl/
Memnuniyetle.	**With pleasure.** /wid 'plejı/
Harika!	**Wonderful!** /'wandıful/
İyi fikir!	**Good idea!** /gud aydiı/
İmdat!	**Help!** /help/

DİL BİLME, SÖYLENENİ ANLAMA

İngilizce (Türkçe) konuşur musunuz?(Bilir misiniz?)	**Do you speak English (Turkish)?** /du yu spi:k 'ingliş ('tö:kiş)/
Evet, İngilizce konuşurum. (Bilirim).	**Yes, I speak English.** /yes ay spi:k 'ingliş/
Hayır, İngilizce konuşamam. (Bilmem).	**No, I don't speak English.** /nou ay dount spi:k 'ingliş/
İngilizceyi biraz konuşurum.	**I speak English a little.** /ay spi:k 'ingliş ı litıl/
İngilizceyi anlayabilirim fakat konuşamam.	**I can understand English but I can't speak it.** /ay ken andı'stend 'ingliş bat ay ka:nt spi:k it/
Anlıyor musunuz?	**Do you understand?** /du yu andı'stend/
Beni anlıyor musunuz?	**Do you understand me?** /du yu andı'stend mi:/
Sizi anlamıyorum.	**I don't understand you.** /ay dount andı'stend yu/
Her şeyi anlıyorum.	**I understand everything.** /ay andı'stend 'evriting/
Tekrarlar mısınız lütfen?	**Will you repeat it?** /wil yu ripi:t it/
Lütfen yavaş konuşunuz.	**Please speak slowly.** /pli:z spi:k 'slouli/

Biraz daha yavaş konuşabilir misiniz?	**Could you speak a little more slowly?** /kud yu spi:k ı litıl mo: 'slouli/
Yavaş konuşursanız anlayabilirim.	**I can understand if you speak slowly.** /ay ken andı'stend if yu spi:k 'slouli/
Anlamadım.	**I didn't understand.** /ay 'didınt andı'stend/
Bu ne demektir? (Anlamı nedir)?	**What does this mean?** /wot daz dis mi:n/
Bu sözcüğün anlamı nedir?	**What is the meaning of this word?** /wot iz dı 'mi:ning ov dis wö:d/
Bu sözcüğü nasıl telaffuz edersiniz?	**How do you pronounce this word?** /hau du yu prı'nauns dis wö:d/
(Onu) yazabilir misiniz, lütfen?	**Can you write it down, please?** /ken yu rayt it daun pli:z/
Lütfen hatalarımı düzeltiniz.	**Please correct my mistakes.** /pli:z kı'rekt may mis'teyks/
Özür dilerim, hiçbir şey anlayamadım.	**I'm sorry, I couldn't understand anything.** /aym 'sori ay 'kudınt andı'stend 'eniting/
Bunu bana tercüme edebilir misiniz?	**Can you translate this for me?** /ken yu trenz'leyt dis fı mi/
Sözcükleri unutuyorum.	**I forget words.** /ay fı'get wö:dz/

İyice ezberlemem gerek bunu.	**I must learn it by heart.** /ay mast l**ö:**n it bay ha:t/
İngilizcemi ilerletmek istiyorum.	**I want to improve my English.** /ay w**o**nt tu im'pru:v may 'ingliş/
Sizi anlıyorum.	**I understand you.** /ay andı'st**e**nd yu/
İngilizcenizi nerede öğrendiniz?	**Where did you learn your English?** /weı did yu l**ö:**n y**o:** 'ingliş/
Okulda biraz İngilizce öğrendim.	**I learned some English at school.** /ay l**ö:**nt sam 'ingliş **e**t sku:l/
Ne kadar zamandır İngilizce öğreniyorsunuz?	**How long have you been learning English?** /hau l**o**ng h**e**v yu bi:n 'l**ö:**ning 'ingliş/

İngilizce öğrenmeye yeni başladım.	**I've just started learning English.** /ayv cast sta:tid 'l**ö:**ning 'ingliş/

... aydır İngilizce öğrenmekteyim.	**I have been learning English for ... months.** /ay hev bi:n 'lö:ning 'ingliş fo: ... mants/
Okuduğumu anlayabiliyorum.	**I can understand what I read.** /ay ken andı'stend wot ay ri:d/
İngilizcem hakkında ne düşünüyorsunuz?	**What do you think of my English?** /wot du yu tink ov may 'ingliş/
Biraz pratiğe ihtiyacım var.	**I need some practice.** /ay ni:d sam 'prektis/
Bana ne tavsiye edersiniz?	**What do you advise me?** /wot du yu ı'dvays mi/
... sözcüğünün İngilizcesi nedir?	**What is the English for the word ...?** /wot iz di 'ingliş fo: dı wö:d .../

SELAMLAŞMA

Merhaba.	**Hello.** /hı'lou/
Selam.	**Hi.** /hay/
Günaydın.	**Good morning.** /gud 'mo:ning/
Tünaydın.	**Good afternoon.** /gud a:ftı'nu:n/
İyi günler.	**Have a nice day.** /hev ı nays dey/
İyi akşamlar.	**Good evening.** /gud 'i:vning/

İyi geceler.	**Good night.** /gud nayt/

Nasılsınız?	**How are you?** /hau a: yu/
Görüşmeyeli nasılsınız?	**How have you been since I last saw you?** /hau hev yu bi:n sins ay la:st so: yu/
İyiyim, teşekkür ederim.	**I'm fine, thank you.** /aym fayn tenk yu/
Çok iyiyim teşekkür ederim, ya siz?	**I'm very well, thank you and you?** /aym 'veri wel tenk yu end yu/
Ne var, ne yok? (İşler nasıl?)	**How's life?** /hauz layf/
Nasıl gidiyor?	**How's it going?** /hauz it 'gouing/
Fena değil.	**Not bad.** /not bed/
Karınız (kocanız) nasıl?	**How is your wife (husband)?** /hau iz yo: wayf ('hazbınd)/
Çoluk çocuk nasıl? (Aileniz nasıl)?	**How's your family?** /hauz yo: 'femili/
Hepsi iyiler.	**They are all fine.** /dey a: o:l fayn/

KENDİNİZ HAKKINDA

Adım Ahmet'tir.	**My name's Ahmet.** /may neymz ahmet/
Türk'üm.	**I'm Turkish.** /aym 'tö:kiş/
Ankara'lıyım.	**I'm from Ankara.** /aym from ankara/
... yaşındayım.	**I'm ... years old.** /aym ... yiız ould/
Ben bir öğrenci (doktor, öğretmen, işçi ...) yim.	**I'm a student (doctor, teacher, worker ...).** /aym ı 'styu:dınt ('doktı ti:çı wö:kı ...)/
İstanbul'da oturuyorum.	**I live in İstanbul.** /ay liv in istanbul/
Bu otelde kalıyorum.	**I'm staying in this hotel.** /aym 'steying in dis hou'tel/
Tatillerimi burada geçiririm.	**I spend my holidays here.** /ay spend may 'holıdiz hiı/
İznimi burada geçiriyorum.	**I am spending my holiday here.** /ay em 'spending may 'holıdi hiı/
Babam bir işçi (memur, berber ...) dir.	**My father is a worker (civil servant, barber ...).** /may 'fa:dı iz ı wö:kı (sivil 'sö:vınt 'ba:bı ...)/

Adınız ne(dir)?	**What's your name?** /wots yo: neym/
Soyadınız ne(dir)?	**What's your surname?** /wots yo: 'sö:neym/
İngiliz misiniz?	**Are you English?** /a: yu 'ingliş/
Nerelisiniz?	**Where are you from?** /weı a: yu from/
İngiltere'nin neresindensiniz?	**Where in England are you from?** /weı in 'inglınd a: yu from/
Kaç yaşındasınız?	**How old are you?** /hau ould a: yu/
Ne iş yapıyorsunuz?	**What do you do?** /wot du yu du/
İşiniz nedir?	**What's your job?** /wots yo: cob/
Evli misiniz?	**Are you married?** /a: yu 'merid/
Evet, evliyim.	**Yes, I'm married.** /yes aym 'merid/
Bekârım.	**I'm single.** /aym 'singıl/
Çocuğunuz var mı?	**Have you got any children?** /hev yu got 'eni 'çildrın/
Çocuğum yok.	**I haven't got any children.** /ay 'hevınt got 'eni 'çildrın/

Bir kızım ve iki oğlum var.	**I've got a daughter and two sons.** /ayv got ı do:tı end tu: sanz/
Karım bir öğretmen (hemşire, sekreter, ev kadını)dır.	**My wife is a teacher (nurse, secretary, house-wife ...).** /may wayf iz ı 'tiçı (nö:s, 'sekrıtri, 'hauswayf ...)/
Kardeşleriniz var mı?	**Have you got any brothers or sisters?** /hev yu got 'eni 'bradız o: 'sistız/
Kardeşim yok.	**I haven't got any brothers or sisters.** /ay 'hevınt got 'eni 'bradız o: 'sistız/
Bir erkek kardeşim ve iki kız kardeşim var.	**I've got a brother and two sisters.** /ayv got ı 'bradı end tu: 'sistız/
Yolculuk yapmayı çok severim.	**I like travelling very much.** /ay layk 'trevıling 'veri maç/
Boyum 1 metre ve 70 santimdir.	**I'm one metre seventy centimetres tall.** /ay em wan mi:tı 'sevınti 'sentimi:tız to:l/
Hobilerim sinema ve müziktir.	**My hobbies are sports, cinema and music.** /may hobi:z a: spo:ts 'sinımı end 'myu:zik/
Ben Müslümanım.	**I'm a Muslim.** /aym ı 'muzlim/

TANIŞMA, TANIŞTIRMA

Sizi Bay (Bayan ...) ile tanıştırayım.	**Let me introduce you to Mr. (Mrs) ...** /let mi intrı'dyu:s yu tu 'mistı (misiz) .../
Kendimi size takdim edeyim.	**Let me introduce myself to you.** /let mi intrı'dyu:s may'self tu yu/

Bu benim arkadaşım ...	**This is my friend ...** /**d**is is may frend .../
Tanıştığımıza sevindim.	**Nice to meet you.** /nays tu mi:t yu/
Memnun oldum. *(Cevabı da aynı biçimdedir.)*	**How do you do?** /hau du yu du:/

Adınız ne(dir)?	**What's your name?** /wots yo: neym/
Adım ... dır.	**My name's ...** /may neymz .../
Soyadınız ne(dir)?	**What's your surname?** /wots yo: 'sö:neym/
Soyadım ... dır.	**My surname's ...** /may 'sö:neymz .../
Affedersiniz, adınız Bay Brown mu?	**Excuse me, is your name Mr. Brown?** /ik'skyu:z mi iz yo: neym 'mistı braun/
Siz Bay Green misiniz?	**Are you Mr. Green?** /a: yu 'mistı gri:n/
Burada mı oturuyorsunuz?	**Do you live here?** /du yu liv hiı/
Nerede kalıyorsunuz?	**Where are you staying?** /weı a: yu 'steying/
... Otelinde kalıyorum.	**I'm staying at ... Hotel.** /aym 'steying et ... hou'tel/
Burada yalnız mısınız?	**Are you here alone?** /a: yu hiı ı'loun/
Ne iş yapıyorsunuz?	**What do you do?** /wot du yu du:/
Burayı sevdiniz mi?	**Do you like it here?** /du yu layk it hiı/

RİCA, İSTEK

Lütfen.	**Please.** /pli:z/
Bana bir ... verebilir misiniz, lütfen?	**Can you give me a ... please?** /ken yu giv mi ı ... pli:z/
Sizi rahatsız ettiğim için özür dilerim.	**I am sorry to trouble you.** /ay em 'sori tu 'trabıl yu/
Lütfen bana yolu gösteriniz.	**Please show me the way.** /pli:z şou mi dı wey/
Kapıyı kapar mısınız, lütfen?	**Will you shut the door, please?** /wil yu şat dı do: pli:z/
Bana bir iyilikte bulunabilir misiniz?	**Could you do me a favour?** /kud yu du: mi ı 'feyvı/
Müsaade eder misiniz? (otobüste vs.)	**Excuse me.** /ik'skyu:z mi/
Ne arzu ederdiniz?	**What would you like?** /wot wud yu layk/
... nin nerede olduğunu söyleyebilir misiniz?	**Could you tell me where ... is?** /kud yu tel mi weı ... is/
Ne istiyorsunuz?	**What do you want?** /wot du yu wont/
Bir paket şeker istiyorum.	**I want a packet of sugar.** /ay wont ı 'pekit ov şugı/
... ister misiniz?	**Do you want ...?** /du yu wont .../

... ister miydiniz?	**Would you like ...?** /wud yu layk .../
Bir gömlek (bir çift ayakkabı, bir şişe şarap) istiyorum.	**I want a shirt (a pair of shoes, a bottle of wine).** /ay wont ı şö:t (ı peı ov şu:z ı 'botıl ov wayn)/
... yı uzatabilir misiniz, lütfen?	**Can you pass the ... please?** /ken yu pa:s dı ... pli:z/
Hiçbir şey istemiyorum.	**I don't want anything.** /ay dount wont 'eniting/
Bir telefon edebilir miyim?	**Can I make a telephone call?** /ken ay meyk ı teli'foun ko:l/
Faks çekebilir miyim?	**May I send a fax?** /mey ay send ı feks/
Nereden kontür kartı alabilirim?	**Where can I get a phonecard?** /weı ken ay get ı foun ka:d/
Kontürlü telefon var mı?	**Is there a public telephone?** /iz deı ı 'pablik 'telifoun/
Nerede bir internet cafe bulabilirim?	**Where can I find an internet cafe?** /weı ken ay fayn en 'intınet 'kefey/
Maillerimi okumak istiyorum.	**I want to read my e-mails.** /ay wont tu ri:d my 'i:-meylz/
Nasıl bir mail gönderebilirim?	**How can I send an e-mail?** /hau ken ay send en 'i:-meyl/
Telefon kartı bulabilir miyim?	**Can I find a phonecard?** /ken ay faynd ı 'founka:d/

Cep telefonunuzu kullanabilir miyim?	**May I use your mobile phone?** /mey ay yu:z y**o:** 'moubayl foun/
Bu gömlekleri satın almak istiyorum.	**I want to buy these shirts.** /ay w**o**nt tu bay **d**i:z ş**ö:**ts/
Size bir soru sorabilir miyim?	**Can I ask you a question?** /k**e**n ay a:sk yu ı kwes'çın/
Kaleminizi ödünç alabilir miyim?	**Can I borrow your pen?** /k**e**n ay 'b**o**rou y**o:** pen/
... yı gösterebilir misiniz?	**Can you show ...?** /k**e**n yu şou .../

TEŞEKKÜR ETME, ÖZÜR DİLEME

Teşekkür ederim.	**Thank you.** /**te**nk yu/
Çok teşekkür ederim.	**Thank you very much.** /**te**nk yu 'veri maç/
Teşekkürler.	**Thanks.** /**te**nks/
Bir şey değil.	**Not at all.** /not et **o**:l/
Sağ olun.	**Thank you.** /**te**nk yu/
Yardımınız için teşekkür ederim.	**Thank you for your help.** /**te**nk yu fı y**o**: help/
Teşekkürler, çok yardımseversiniz.	**Thank you, it's very kind of you to help.** /**te**nk yu its 'veri kaynd **o**v yu tu help/
Çok naziksiniz.	**It's very kind of you.** /its 'veri kaynd **o**v yu/
Her şey için teşekkürler.	**Thanks for everything.** /**te**nks fı 'evriting/
Aldırma (Boş ver).	**Never mind.** /nevı maynd/
Özür dilerim.	**I'm sorry.** /aym 's**o**ri /

Pardon!	**Pardon!** /'pa:dın/
Efendim?	**Yes?** /yes/

Sizi kırmak istememiştim.	**I didn't mean to hurt you.** /ay 'didınt mi:n tu hö:t yu/
Benim hatam.	**My mistake.** /may mis'teyk/
Bir daha olmaz, özür dilerim.	**Sorry, it won't happen again.** /'sori it wount hepın ı'gen/
Fark etmez.	**It doesn't matter.** /it 'dazınt 'metı/
Rica ederim.	**That's all right.** /dets o:l rayt/
Rahatsız ettiğim için özür dilerim.	**Sorry to trouble you.** /'sori tu 'trabıl yu/

VEDALAŞMA

Allahaısmarladık.	**Goodbye.** /gud'bay/
Güle güle.	**Goodbye.** /gud'bay/
Görüşürüz.	**See you.** /si: yu/
Görüşmek üzere.	**So long.** /sou long/
Geldiğiniz için teşekkürler.	**Thank you for coming.** /tenk yu fo: 'kaming/
Yine buyrun.	**Come again soon.** /kam ı'gen su:n/
Hoşça kal.	**So long.** /sou long/
Kendine iyi bak.	**Take care of yourself.** /teyk keı ov yı'self/
Bay bay.	**Bye bye.** /'bay bay/
Yakında görüşürüz.	**See you soon.** /si: yu su:n/
Sonra görüşürüz.	**See you later.** /si: yu leytı/
İyi şanslar.	**Good luck.** /gud lak/

Pazartesi (cuma ...) görüşürüz.	**See you on Monday (Friday ...).** /si: yu on 'mandi ('fraydi ...)/
İyi tatiller.	**Have a nice holiday.** /hev ı nays 'holıdi/
Tekrar ne zaman görüşeceğiz?	**When shall we meet again?** /wen şel wi mi:t ı'gen/
Sizi eve bırakayım.	**Let me drive you home.** /let mi drayv yu houm/
Seni özleyeceğim.	**I'll miss you.** /ayl mis yu/
Yarın (öbür gün, cumartesi günü, gelecek hafta) görüşebilir miyiz?	**Can we meet tomorrow (the day after tomorrow, Saturday, next week)?** /ken wi mi:t tı'morou (dı dey 'a:ftı tı'morou 'setıdi nekst wi:k)/
İyi yolculuklar.	**Have a nice journey.** /hev ı nays cö:ni/
... ya benden selam söyleyin.	**Give my regards to ...** /giv may ri'ga:dz tu .../

BİLGİ EDİNME, YER SORMA

Müze (istasyon, park ...) nerededir?	**Where is the museum (station, park ...)?** /weı iz **dı** myu:zıım (steyşın pa:k ...)/
Biletleri nereden alabilirim?	**Where can I get the tickets?** /weı ken ay get **dı** 'tikits/
Nereden geliyorsun(uz)?	**Where are you coming from?** /weı a: yu 'kaming from/
... ne kadar uzaklıkta?	**How far is ...?** /hau fa: iz .../
Ne istiyorsunuz?	**What do you want?** /wot du yu wont/
Ne arzu ediyorsunuz?	**What would you like?** /wot wud yu layk/
Size yardım edebilir miyim?	**Can I help you?** /ken ay help yu/
Bunun İngilizcesi nedir?	**What's this in English?** /wots dis in 'ingliş/
Yakınlarda bir internetcafe var mı?	**Is there an internet café near here?** /iz deı en 'intınet kefey niı hiı/
E-maillerimi nerede okuyabilirim?	**Where can I read my e-mails?** /weı ken ay ri:d may 'i:-meylz/
Nereden bir faks çekebilirim?	**Where can I send a fax?** /weı ken ay send ı feks/

Cep telefonum için nere-den kontör alabilirim?	**Where can I get a card for my mobile phone?** /weı ken ay get ı ka:d fo: may 'moubayl foun/
Bu işaret nedir?	**What's that sign?** /wots det sayn/
Tuvalet (gişe ...) nerede-dir?	**Where is the toilet (booking-office ...)?** /weı iz dı 'toylit ('buking 'ofis ...)/
... ya nasıl gidebilirim?	**How can I get to ...?** /hau ken ay get tu .../
Ne kadar sürer?	**How long does it take?** /hau long daz it teyk/
Bu ne demektir?	**What does this mean?** /wot daz dis mi:n/
Bu istasyonun adı nedir?	**What's the name of this sta-tion?** /wots dı neym ov dis 'steyşın/
Lütfen bana ... nın nerede olduğunu söyler misiniz?	**Will you please tell me where ... is?** /wil yu pli:z tel mi weı ... iz/
Bu ne için?	**What's this for?** /wots dis fo:/
Ne oldu? (Mesele ne?)	**What's the matter?** /wots dı 'metı/
Danışma bürosu nerede?	**Where's the information of-fice?** /weız dı infı'meyşın 'ofis/

Bu taraftan mı gideceğiz?	**Shall we go this way?** /şel wi gou **d**is wey/
Burada İngilizce konuşan biri var mı?	**Does anybody here speak English?** /daz 'enib**o**di hiı spi:k 'ingliş/
Beni anlıyor musunuz?	**Do you understand me?** /du yu andı'st**e**nd mi/
Problem yok, değil mi?	**There's no problem, is there?** /**d**eız nou 'pr**o**blım iz **d**eı/
İstasyon ne kadar uzaklık-tadır?	**How far is the station?** /hau fa: iz **dı** 'steyşın/
Şu bina ne binası?	**What's that building?** /w**o**ts **d**et 'bilding/
Nerede bekleyebilirim?	**Where can I wait?** /weı k**e**n ay weyt/

Otobüs durağı neredesdir?	**Where is the bus-stop?** /weı iz **dı** bas st**o**p/

En yakın banka (eczane, postane ...) nerede?	**Where is the nearest bank (chemist's, post-office ...)?** /weı iz dı 'niırist benk ('kemists poust 'ofis ...)/
Nerede bir taksi bulabilirim?	**Where can I find a taxi?** /weı ken ay faynd ı 'teksi/
Dükkânlar ne zaman açılır (kapanır)?	**When do the shops open (close)?** /wen du dı şops 'oupın (klouz)/
Otomobilimi nerede park edebilirim?	**Where can I park my car?** /weı ken ay pa:k may ka:/
Şehir turu hakkında bilgi istiyorum.	**I want information about the sight-seeing tour.** /ay wont infı'meyşın ı'baut dı 'saytsi:ing tuı/
Şehir turu için bir bilet kaç paradır?	**How much is a ticket for the sight-seeing tour?** /hau maç iz ı 'tikit fo: dı 'saytsi:ing tuı/
Bu yol ... ya gider mi?	**Does this road go to ...?** /daz dis roud gou tu .../
Nereden ekmek (bira, su ...) alabilirim?	**Where can I get some bread (beer, water ...).** /weı ken ay get sam bred (biı wo:tı ...)/
Bana ... hakkında biraz bilgi verebilir misiniz?	**Could you give me some information about ...?** /kud yu giv mi sam infı'meyşın ı'baut .../

İŞARETLER

TEK YÖNLÜ YOL	**ONE-WAY STREET** /wan wey stri:t/
SAĞA DÖNÜLMEZ	**NO RIGHT TURN** /nou rayt tö:n/
PARK YAPILMAZ	**NO PARKING** /nou 'pa:king/
GİRİLMEZ	**NO ENTRY** /nou 'entri/
SAĞA (SOLA) DÖNÜNÜZ	**TURN RIGHT (LEFT)** /tö:n rayt (left)/
KAVŞAK	**CROSSROADS** /'krosroudz/
YAVAŞ SÜRÜNÜZ	**DRIVE SLOWLY** /drayv 'slouli/
ŞEHİR MERKEZİ	**CITY CENTRE** /siti 'sentı/
VARIŞ	**ARRIVAL** /ı'rayvıl/
HAREKET (KALKIŞ)	**DEPARTURE** /di'pa:çı/
BAGAJ	**LUGGAGE** /'lagic/
LOKANTA	**RESTAURANT** /'restırant/

TUVALETLER	**LAVATORIES** /'levıtıri:z/
DANIŞMA	**INFORMATION** /infı'meyşın/
GİRİŞ	**ENTRANCE** /'entrıns/
ÇIKIŞ	**EXIT** /'eksit/
HANIMLAR İÇİN	**LADIES** /'leydi:z/
BEYLER İÇİN	**GENTLEMEN** /'centılmın/
MEŞGUL	**VACANT** /'veykınt/
BOŞ	**ENGAGED** /in'geycd/
KAPALI	**CLOSED** /klouzd/
AÇIK	**OPEN** /'oupın/
BEKLEME SALONU	**WAITING ROOM** /'weyting rum/
EMANET	**LEFT LUGGAGE** /left 'lagic/
İMDAT ÇIKIŞI	**EMERGENCY EXIT** /i'mö:cınsi 'eksit/
SATILIK	**FOR SALE** /fo: seyl/

ZAMAN BİLDİRME, ZAMAN SORMA

Saat kaç?	**What time is it?** /wot taym iz it/
Saat kaç?	**What is the time?** /wot iz dı taym/
Saat bir (beş, sekiz...) dir.	**It's one (five, eight ...) o'clock.** /its wan (fayv eyt ...) ı'klok/
Saat hemen hemen ikidir.	**It's almost two o'clock.** /its 'o:lmoust tu: ı'klok/
Saat tam olarak altı.	**It's exactly six o'clock.** /its ig'zektli siks ı'klok/
Saat dördü beş geçiyor.	**It's five past four.** /its fayv pa:st fo:/
Saat yediye çeyrek var.	**It's a quarter to seven.** /its ı 'kwo:tı tu 'sevın/
Saat dokuza on var.	**It's ten to nine.** /its ten tu nayn/
Saat yarım.	**It's half past twelve.** /its ha:f pa:st twelv/
Bu saat doğru mu?	**Is this clock right?** /iz dis klok rayt/
Saatiniz geri kalmış.	**Your watch is slow.** /yo: woç iz slou/
Saatiniz ileri gidiyor.	**Your watch is fast.** /yo: woç iz fa:st/

Geç kaldınız.	**You're late.** /yo: leyt/
Erkencisiniz.	**You're early.** /yo: ö:li/
Tam vaktinde geldiniz.	**You're on time.** /yo: on taym/
Benim saatime göre yedi buçuk.	**It's half past seven by my watch.** /its ha:f pa:st 'sevın bay may woç/
Film saat kaçta başlıyor?	**What time does the film start?** /wot taym daz dı film sta:t/
Bankalar saat beş buçukta kapanır.	**The banks close at half past five.** /dı benks klouz et 'sevın ı'klok/
Dörtle beş arası evde yokum.	**I'm not at home between four and five.** /aym not et houm bi'twi:n fo: end fayv/
Yarım saate kadar (yarım saat içinde) döneceğim.	**I'll be back in half an hour.** /ayl bi bek in ha:f en auı/
Çok erken (geç).	**It's too early (late).** /its tu: ö:li (leyt)/
Geçen yaz Antalya'daydık.	**We were in Antalya last summer.** /wi wö: in antalya last 'samı/
Dün öğleden sonra neredeydiniz?	**Where were you yesterday afternoon?** /weı wö: yu 'yestıdi 'a:ftı'nu:n/

Bu akşam sinemaya gidiyoruz.	**We're going to the cinema tonight.** /wi:ı 'gouing tu **dı** 'sinımı tı'nayt/
Dün sabah hava çok kötüydü.	**The weather was awful yesterday morning.** /**dı** 'wed**ı** woz **o:**fıl 'yestıdi 'm**o:**ning/
Geçen pazar hastaydım.	**I was sick last Sunday.** /ay w**o**z sik la:st 'sandi/
Saat ... da gelebilir miyim?	**Can I come at ... o'clock?** /k**e**n ay kam **e**t ... **ı**'kl**o**k/
Temmuz ayında İngiltere'ye gidiyorum.	**I'm going to England in July.** /aym 'gouing tu 'inglınd in cu:'lay/

ZAMANLA İLGİLİ SÖZCÜK VE DEYİMLER

MEVSİMLER

ilkbahar	**spring** /spring/
yaz	**summer** /'samı/
sonbahar	**autumn** /'**o:**tım/
kış	**winter** /'wintı/

AYLAR

ocak	**January** /'cenyuıri/
şubat	**February** /'februıri/
mart	**March** /ma:ç/
nisan	**April** /eyprıl/
mayıs	**May** /mey/

haziran	**June** /cu:n/
temmuz	**July** /cu:'lay/
ağustos	**August** /**o:**gıst/
eylül	**September** /sep'tembı/
ekim	**October** /**o**k'toubı/
kasım	**November** /nou'vembı/
aralık	**December** /di'sembı/

HAFTANIN GÜNLERİ

pazar	**Sunday** /'sandi/
pazartesi	**Monday** /'mandi/
salı	**Tuesday** /'ti:uzdi/
çarşamba	**Wednesday** /'wenzdi/
perşembe	**Thursday** /'t**ö:**zdi/
cuma	**Friday** /'fraydi/
cumartesi	**Saturday** /'setıdi/

DİĞER ZAMAN KAVRAMLARI

akşam	**evening** /'i:vning/
an, lahza	**moment** /'moumınt/
doğum günü	**birthday** /b**ö:t**dey/
günün tarihi	**date** /deyt/
yıl	**year** /yiı/
yüzyıl	**century** /'sençıri/
yıldönümü	**anniversary** /eni'v**ö:**sıri/

mevsim	**season** /si:zın/
dakika	**minute** /'minit/
öğle	**noon** /nu:n/
öğleden sonra	**afternoon** /'a:ftı'nu:n/
gece	**night** /nayt/
yeni yıl	**new year** /nyu: yiı/
saniye	**second** /'sekınd/
saat (60 dakika)	**hour** /'auı/
gün	**day** /dey/
geçmiş (zaman)	**past** /pa:st/
öğleden sonra	**p.m.** /pi: em/
öğleden önce	**a.m.** /ey em/
hafta	**week** /wi:k/
hafta sonu	**weekend** /wi:k'end/
zaman	**time** /taym/
çağ, devir	**age** /eyc/
süre	**time** /taym/
gelecek	**future** /'fyu:çı/

ZAMAN BİLDİREN DEYİMLER

ara sıra	**now and then** /nau end **d**en/
akşam (akşamleyin)	**in the evening** /in **dı** 'i:vning/
bu akşam	**this evening** /**d**is 'i:vning/
dün akşam	**yesterday evening** /'yestıdi 'i:vning/

yarın akşam	**tomorrow evening** /tı'morou 'i:vning/
pazar akşamı	**Sunday evening** /'sandi 'i:vning/
akşamüstü (öğleden sonra)	**afternoon** /'af:tı'nu:n/
ertesi gün	**the following day** /dı 'folouing dey/
dün değil evvelki gün	**the day before yesterday** /dı dey bi'fo: 'yestıdey/
yarın değil öbür gün	**the day after tomorrow** /dı dey 'a:ftı tı'morou/
sabahleyin	**in the morning** /in dı 'mo:ning/
6 nisanda	**on April (the) 6th** /on 'eypril dı sikst/
yakında, birazdan	**soon** /su:n/
az önce	**just now** /cast nau/
o zamana kadar	**till then** /til den/
bugüne kadar	**up to today** /ap tu tı'dey/
şimdiye kadar	**up to now** /ap tu nau/
yarına kadar	**till tomorrow** /til tı'morou/
vaktiyle, eskiden	**once** /wans/
daha sonra	**then** /den/
bütün gün	**all day** /o:l dey/
bütün gece	**all night** /o:l nayt/
günün birinde	**some day** /sam dey/

günde bir defa	**once a day** /wans ı dey/
temmuz sonunda	**at the end of July** /et di end ov cu:'lay/
gelecek ayın sonunda	**at the end of the next month** /et di: end ov dı nekst mant/
erken	**early** /'ö:li/
pek erken	**too early** /tu: 'ö:li/
erkenden	**early** /'ö:li/
akşama doğru	**towards evening** /tı'wo:dz 'i:vning/
öğleye doğru	**towards noon** /tı'wo:dz nu:n/
gece yarısına doğru	**towards midnight** /tı'wo:dz 'midnayt/
sekize doğru	**towards eight** /tı'wo:dz eyt/
dün	**yesterday** /'yestıdi/
dün akşam	**yesterday evening** /'yestıdi 'i:vning/
dün sabah	**yesterday morning** /'yestıdi 'mo:ning/
dün gece	**last night** /la:st nayt/
hemen, derhal	**at once** /et wans/
sık sık	**often** /ofın/
bugün	**today** /tı'dey/
bu sabah	**this morning** /dis 'mo:ning/
bugün öğleden sonra	**this afternoon** /dis 'a:ftı'nu:n/

... yılında	**in the year ...** /in dı yiı .../
gelecek ay	**next month** /nekst mant/
önceden	**before** /bi'fo:/
her zaman, daima	**always** /'o:lweyz/
hâlâ	**still** /stil/
geceleyin	**at night** /et nayt/
üç gün içinde	**in three days** /in tri: deyz/
bir hafta içinde	**in a week** /in ı wi:k/
bu arada	**meanwhile** /'mi:nwayl/
yılda, yıllık	**yearly** /yiıli/
her gece	**every night** /'evri nayt/
her hafta	**every week** /'evri wi:k/
her gün	**every day** /'evri dey/
iki günde bir, günaşırı	**every two days** /'evri tu: deyz/
şimdi	**now** /nau/
ileride, gelecekte	**in future** /in 'fyu:çı/
kısa bir süre için	**for a short time** /fo: ı şo:t taym/
uzun zaman	**a long time** /ı long taym/
bazen	**sometimes** /'samtaymz/
çok defa	**many times** /meni taymz/
öğleyin	**at noon** /et nu:n/
eylül ortasında	**in mid-September** /in mid sep'tembı/

bu sırada	**just then** /cast den/
ayda, aylık	**monthly** /mantli/
yarın	**tomorrow** /tı'morou/
yarın sabah	**tomorrow morning** /tı'morou 'mo:ning/
yarın akşam	**tomorrow evening** /tı'morou 'i:vning/
pazar sabahı	**Sunday morning** /'sandi 'mo:ning/
sabahleyin in	**the morning** /in dı 'mo:ning/
dört gün sonra	**in four days** /in fo: deyz/
iki hafta sonra	**in two weeks** /in tu: wi:ks/
daha sonra	**later** /leytı/
gelecek hafta	**next week** /nekst wi:k/
geçen gün	**the other day** /di 'adı dey/
asla, hiçbir zaman	**never** /'nevı/
henüz, daha	**yet** /yet/
birdenbire, ansızın	**suddenly** /'sadınli/
çoktan beri	**for a long time** /fo: ı long taym/
o zamandan beri	**since then** /sins den/
seyrek	**seldom** /'seldım/
birazdan	**in a moment** /in ı 'moumınt/
az önce	**just a short while ago** /cast ı şo:t wayl ı'gou/
pazarları	**on Sundays** /on 'sandiz/

geç	**late** /leyt/
çok geç	**too late** /tu: leyt/
sonra, daha sonra	**later** /leytı/
saatlerce	**for hours** /fo: 'auız/
gece gündüz	**day and night** /dey end nayt/
günlerce	**for days** /fo: deyz/
günlük	**daily** /'deyli/
öbür gün	**the day after tomorrow** /dı dey 'a:ftı tı'morou/
saat ... da	**at ... o'clock** /et ... ı'klok/
gece yarısı	**midnight** /'midnayt/
sabahtan akşama kadar	**from morning till evening** /from 'mo:ning til 'i:vning/
saat üçten dörde kadar	**from three to four o'clock** /from tri: tu fo: ı'klok/
günden güne	**day by day** /dey bay dey/
önceden	**beforehand** /bi'fo:hend/
zaman zaman	**every now and then** /'evri nau end den/
bir saat önce	**an hour ago** /ın auı ı'gou/
bir hafta önce	**a week ago** /ı wi:k ı'gou/
bir ay önce	**a month ago** /ı mant ı'gou/
birkaç gün önce	**a few days ago** /ı fiu: deyz ı'gou/
iki hafta önce	**two weeks ago** /tu: wi:ks ı'gou/

geçenlerde	**the other day** /di 'adı dey/
geçen gün	**the day before yesterday** /dı dey bi'fo: 'yestıdi/
daha önce	**formerly** /'fo:mıli/
geçen hafta	**last week** /la:st wi:k/
geçen cumartesi	**last Saturday** /la:st 'setıdi/
geçen yıl	**last year** /la:st yiı/
şimdilik	**for the moment** /fo: dı 'moumınt/
haftada, haftalık	**weekly** /wi:kli/
her zaman için	**forever** /fı'revı/
önce	**before** /bi'fo:/
son olarak, en son	**lastly** /'la:stli/
en önce, önce	**first** /fö:st/
arada bir	**occasionally** /ı'keyjınıli/

O kadar emin değilim.	**I'm not so sure.** /aym not sou şuı/
Sadece sormak istemiştim.	**I just wanted to ask.** /ay cast 'wontid tu a:sk/
Bilmiyorum.	**I don't know.** /ay dount nou/

Sadece öğrenmek istemiştim.	**I only wanted to learn.** /ay ounli wontid tu lö:n/
Sanmıyorum.	**I don't think so.** /ay dount tink sou/
Yanılmış olduğumu sanmıyorum.	**I don't think I am wrong.** /ay dount tink ay em rong/
Olur böyle şeyler.	**Such things may happen.** /saç tingz mey hepın/

Bunu demek istemiyorum.	**I don't mean that.** /ay dount mi:n det/
Benim için hiç fark etmez.	**It's all the same to me.** /its o:l dı seym tu mi/
Bakalım, göreceğiz.	**We'll see.** /wi:l si:/
Her zaman olur böyle şey-ler.	**Such things always happen.** /saç tings o:lweyz hepın/
Acelem var.	**I'm in a hurry.** /aym in ı hari/
Olabilir.	**It's possible.** /its 'posıbıl/
Olamaz.	**Impossible.** /im'posıbl/
Saçma.	**Nonsense.** /'nonsıns/
Hiçbir anlamı yok.	**It doesn't make sense.** /it 'dazınt meyk sens/
Pek tabii.	**Of course.** /ov ko:s/
Tamam.	**All right.** /o:l rayt/
Çok basit.	**Very easy.** /'veri i:zi/
Duruma bağlı.	**It all depends.** /it o:l di'pends/
Kabul ediyorum.	**I agree.** /ay ıg'ri:/

Bu benim hatam.	**This is my mistake.** /dis iz may mis'teyk/
Göreceğiz.	**We'll see.** /wi:l si:/
Kısacası ...	**In short ...** /in şo:t .../
İtiraz ediyorum.	**I object.** /ay ıb'cekt/
Siz nasıl isterseniz.	**As you wish.** /ez yu wiş/
Sanırım.	**I think so.** /ay tink sou/
Eminim.	**I'm sure.** /aym şuı/
Emin değilim.	**I'm not sure.** /aym not şuı/
... hakkında ne düşünüyorsunuz?	**What do you think of ...?** /wot du yu tink ov .../
Umarım.	**I hope so.** /ay houp sou/
Sahi mi?	**Really?** /'riıli/
Fena değil.	**Not bad.** /not bed/
Sizinle tamamen hemfikirim.	**I quite agree with you.** /ay kwayt ı'gri: wid yu/
Haklısınız.	**You're right.** /yuı rayt/

Asla. (Hiçbir zaman.)	**Never.** /'nevı/

Bol şanslar!	**Good luck!** /gud lak/
Aman Tanrım!	**Oh my God!** /ou may god/
Hepsi bu kadar.	**That's all.** /dets o:l/
Fark etmez.	**It doesn't matter.** /it 'dazınt metı/
Yanlışınız var.	**You are mistaken.** /yu a: mis'teykın/

SORU SÖZCÜKLER

ne	**what** /wot/
nerede, nereye	**where** /weı/

ne zaman	**when** /wen/
niçin	**why** /way/
kim (kimler)	**who** /hu:/
kimin	**whose** /hu:z/
kime	**to whom** /tu hu:m/
kim ile	**with whom** /wid hu:m/
hangisi	**which** /wiç/
kaç yaşında	**how old** /hau ould/
saat kaçta	**what time** /wot taym/
nasıl	**how** /hau/
kaç tane	**how many** /hau 'meni/
kaç beden	**what size** /wot sayz/
kaç kez	**how many times** /hau 'meni taymz/
ne kadar (kaç para)	**how much** /hau maç/
ne kadar hızlı	**how fast** /hau fa:st/
ne çeşit	**what kind** /wot kaynd/
ne kadar sık	**how often** /hau 'ofın/
ne kadar uzunlukta	**how long** /hau long/
ne kadar uzaklıkta	**how far** /hau fa:/
ne kadar ağırlıkta	**how heavy** /hau hevi/
ne kadar süre için	**for how long** /fo: hau long/
Bu kimin?	**Whose is this?** /hu:z iz dis/

Ne istiyorsunuz?	**What do you want?** /wot du yu wont/
Nereye gidiyorsunuz?	**Where are you going?** /weı a: yu 'gouing/
Babanız nasıl?	**How is your father?** /hau iz yo: 'fa:dı/
Doğum gününüz ne zaman?	**When is your birthday?** /wen iz yo: 'bö:tdey/
Bu gömlek ne kadar?	**How much is this shirt?** /hau maç iz dis şö:t/
Kaç kız kardeşiniz var?	**How many sisters have you got?** /hau 'meni 'sistız hev yu got/
Ne arıyorsunuz?	**What are you looking for?** /wot a: yu 'luking fo:/
Ne dediniz?	**What did you say?** /wot did yu sey/
Neredeyiz?	**Where are we?** /weı a: wi/
... ister misin?	**Do you want ...?** /du yu wont .../
... sever misin?	**Do you like ...?** /du yu layk .../
Sizde ... var mı?	**Have you got ...?** /hev yu got .../
Bu sizin mi?	**Is this yours?** /is dis yo:z/
Niçin geciktiniz?	**Why are you late?** /way a: yu leyt/
Saat kaçta geldiniz?	**What time did you come?** /wot taym did yu kam/

HAVA SORMA, SÖYLEME

Bugün sıcaklık kaç derece?	**What's the temperature today?** /wots dı 'tempriçı tıdey/
Bugün sıcaklık .... derece.	**It is ... degrees centigrade today.** /it iz ... di'gri:z 'sentigreyd tı'dey/
... da hava nasıl?	**What's the weather like in the...?** /wots dı 'wedı layk in dı .../
... da hava sıcak (soğuk) mu?	**Is it hot (cold) in ...?** /iz it hot (kould) in .../

Hava raporunu dinledin mi?	**Have you listened to the weather report?** /hev yu 'lisınd tu dı 'wedı ri'po:t/
İnşallah yarın hava güzel olur.	**I hope it will be fine tomorrow.** /ay houp it wil bi fayn tı'morou/
Yağmur (kar) yağmasa bari.	**I hope it won't rain (snow).** /ay houp it wount reyn (snou)/

TARİH SORMA, SÖYLEME

Bugünün tarihi ne?	**What's the date?** /wots dı deyt/
Bugün ayın kaçı?	**What's the date today?** /wots dı deyt tı'dey/
Hangi ay?	**Which month?** /wiç mant/
Hangi yıl?	**Which year?** /wiç yiı/
Geçen sene mi?	**Last year?** /la:st yiı?/
Bugün ekimin biri.	**Today's the first of October.** /tı'deyz dı 'fö:st ov ok'toubı/
Temmuzun yirmisi.	**It's the twentieth of July.** /its dı 'twentiit ov cu:'lay/
Mayısın beşine kadar.	**Until the fifth of May.** /an'til dı 'fift ov mey/
Bu sene (geçen sene) ekimin altısında.	**On October the sixth of this (last) year.** /on ok'toubı dı 'sikst ov dis (la:st) yiı/
Buraya on aralıkta geldik.	**We arrived here on the tenth of December.** /wi ı'rayvd hiı on dı tent ov di'sembı/

Eylülün birinde ayrılıyoruz.

We're leaving on the first of September.
/wiı 'li:ving **o**n **dı** f**ö:**st **o**v sep'tembı/

Beş kasım tarihli mektubunuz için teşekkürler.

Thank you for your letter of November the fifth.
/'**te**nk yu f**o** y**o:** 'letı **o**v nou'vembı **dı** fift/

Üç ocak tarihli e-mailinizi aldım.

I got your e-mail of January the third.
/ay g**o**t y**o:** 'i:-meyl **o**v 'c**e**nyuıri **dı** t**ö:**d/

EĞİTİM-ÖĞRETİM BİLGİLERİ

Öğrenci misiniz?	**Are you a student?** /a: yu ı 'styu:dnt/
Hangi okuldan mezunsunuz?	**Which school did you finish?** /wiç sku:l did yu finiş/
Hangi okula gidiyorsunuz?	**Which school do you attend?** /wiç sku:l du yu ı'tend/
Liseyi bitirdim.	**I finished high school.** /ay 'finişt hay sku:l/
... Lisesi mezunuyum.	**I finished ... High School.** /ay 'finişt ... hay sku:l/
Üniversite mezunuyum.	**I am a university graduate.** /ay em ı yu:ni'vö:siti 'gredyuit/
.... Üniversitesini bitirdim.	**I am a graduate of ... University.** /ay em ı 'gredyuit ov ... yu:ni'vö:siti/
Yüksek lisans yaptım.	**I have a postgraduate degree.** /ay hev ı poust'grecuıt di'gri:/
Henüz ... Üniversitesinde okuyorum.	**Presently I study at ... University.** /'prezıntli ay stadi et ... yu:ni'vö:siti/
Hangi bölümde okuyorsunuz?	**What is your department?** /wot iz yo: di'pa:tmınt/

Edebiyat bölümündeyim.	**I am in the literature department.** /ay **e**m in **dı** 'litriçı di'pa:tmınt/
Yüksek lisans yapıyorum.	**I am having postgraduate courses.** /ay **e**m 'h**e**ving poust'gr**e**cuıt k**o:**siz/
Okumuyorum, çalışıyorum.	**I don't study, I work.** /ay dount stadi ay w**ö:**k/

ÖZEL ZEVKLER

Boş zamanlarında ne yaparsın?	**What do you do in your spare time?** /w**o**t du yu du in y**o:** spe**ı** taym/
Müzik dinlerim.	**I listen to music.** /ay 'lisın tu 'myu:zik/
Bilgisayarımın başında vakit geçiririm.	**I spend time on my computer.** /ay spend taym **o**n may kım'pyu:t**ı**/
Sporu (seyahati, alışverişi) çok severim.	**I like music (sports, travelling ...) very much.** /ay layk sp**o:**ts ('tr**e**vıling 'ş**o**ping ...) 'veri maç/
... hoşunuza gider mi?	**Do you like ...?** /du yu layk .../
.... hoşuma gitmez.	**I don't like ...** /ay dount layk .../
.... çok hoşuma gider.	**I like ... very much.** /ay layk ... 'veri maç/
... yı tercih ederim.	**I prefer ...** /ay pri'f**ö:** .../
Chat yapmayı severim.	**I like chatting.** /ay layk 'ç**e**ting/
Cep telefonu ile mesajlaşmayı severim.	**I like exchanging messages on the mobile phone.** /ay layk iks'çeyncing 'mesiciz **o**n **dı** 'moubayl foun/

Trenle yolculuk
Otomobille yolculuk
Uçakla yolculuk
Gemide
Sınırlarda giriş-çıkış

Bölüm 2
Yolculuk

TRENLE YOLCULUK

İstasyona gitmek istiyorum.	**I want to go to the train station.** /ay w**o**nt tu gou tu **dı** treyn 'steyşın/

Londra'ya ne zaman tren var?	**What time is the train to London?** /w**o**t taym iz **dı** treyn tu 'landın/
Leeds'e bundan sonraki tren ne zaman (kalkıyor)?	**When is the next train to Leeds?** /wen iz **dı** nekst treyn tu li:dz/
Oxford treni hangi perondan kalkıyor?	**What platform does the train to Oxford leave from?** /w**o**t 'pletf**o:**m daz **dı** treyn tu '**o**ksfıd li:v fr**o**m/
Cardiff'ten gelecek tren hangi perona girecek?	**What platform does the train from Cardiff arrive at?** /w**o**t 'pletf**o:**m daz **dı** treyn fr**o**m ka:dif **ı**'rayv **e**t/

Bristol'dan gelecek trenin rötarı var mı?	**Is the train from Bristol late?** /iz dı treyn from 'bristıl leyt/
Burada ne kadar duracağız?	**How long will we stop here?** /hau long wil wi stop hiı/
Ne zaman kalkıyoruz?	**When will we leave?** /wen wil wi li:v/
Daha ne kadar gideceğiz?	**How much further have we to go?** /hau maç fö:dı hev wi tu gou/
Buradan Cambridge'e ne kadar zamanda gidilir?	**How long will it take from here to Cambridge?** /hau long wil it teyk from hiı tu 'keymbric/
Londara'ya bir tane ikinci mevki gidiş, lütfen.	**A second class single to London, please.** /ı 'sekınd kla:s 'singıl tu 'landın pli:z/
Bath'a bir gidiş dönüş bileti, lütfen.	**A return ticket to Bath, please.** /ı ri'tö:n 'tikit tu ba:t pli:z/
Bu bilet ne kadar zaman için geçerlidir?	**How long is the ticket valid?** /hau long iz dı 'tikit 'velid/
Manchester'a ikinci mevki gidiş-dönüş bileti fiyatı nedir?	**How much is a second class return to Manchester?** /hau maç iz a 'sekınd kla:s ri'tö:n tu 'mençistı/
İkinci mevki vagonlar nerede?	**Where are the second-class cars?** /weı a: dı 'sekınd-kla:s ka:z/
Bu tren Glasgow'a gidiyor mu?	**Does this train go to Glasgow?** /daz dis treyn gou tu 'gla:sgou/

Bilet gişesi nerededir?	**Where is the ticket office?** /weı iz dı 'tikit 'ofis/
Önümüzdeki istasyonda inmek istiyorum.	**I want to get off at the next stop.** /ay wont tu get of et dı nekst stop/
Affedersiniz, bu yer boş mu?	**Excuse me, is this seat free?** /ik'syu:z mi iz dis si:t fri:/
Hiç boş yer yok.	**There is no free seat left.** /deı iz nou fri: si:t left/
Burada bir tane var, burada oturabilirsiniz.	**There is a seat here, you can sit down here.** /deı iz ı si:t hiı yu ken sit daun hiı/
Affedersiniz, burası benim yerim.	**Excuse me, this seat is mine.** /ik'syu:z mi dis si:t iz mayn/
Saat dörtte kalkacak trene bineceğim.	**I'll get on the four o'clock train.** /ayl get on dı fo:r ı'klok treyn/
Biletler lütfen.	**Tickets please.** /tikits pli:z/
Liverpool'a ne zaman varacağız?	**When will we arrive in Liverpool?** /wen wil wi ı'rayv in 'livıpu:l/
........'da duracak mıyız?	**Do we stop at ...?** /du wi stop et .../
Burası hangi istasyon?	**Which station is this?** /wiç 'steyşın iz dis/
Şu pencereyi biraz açalım mı?	**Shall we open that window a bit?** /şel wi 'oupın det 'windou ı bit/

Affedersiniz, pencereyi açabilir miyim?	**Excuse me, may I open the window?** /ik'skyu:z mi mey ay 'oupın **dı** 'windou/
Şu pencereyi lütfen kapatır mısınız?	**Will you please shut that window?** /wil yu pli:z şat **de**t 'windou/
Önümüzdeki istasyonda iniyorum.	**I'll get off at the next station.** /ayl get **o**f **e**t **dı** nekst 'steyşın/
İneceğim zamanı lütfen bildirir misiniz?	**Will you please tell me when to get off?** /wil yu pli:z tel mi wen tu get **o**f/
Yarım saatlik bir gecikmemiz var.	**We are half an hour late.** /wi a: ha:f **ı**n au**ı** leyt/
Kaç dakika?	**How many minutes?** /hau 'meni 'minits/
Aktarma yapacak mıyız?	**Do we have to change?** /du wi h**e**v t**ı** çeync/
Nerede?	**Where?** /we**ı**/
Trende yemekli vagon var mı?	**Is there a dining car on the train?** /iz **de**ı **ı** 'dayning ka: **o**n **dı** treyn/
Bu bavulu Plymouth trenine götürün, lütfen.	**Will you please take this suitcase to the Plymouth train?** /wil yu pli:z teyk **d**is 'su:tkeys tu **dı** 'plim**ı**t treyn/
Tren ne zaman gelir?	**What time does the train arrive?** /w**o**t taym daz **dı** treyn **ı**'rayv/

Trende cep telefonu ile konuşulabilir mi?	**Is it possible to use a mobile phone on the train?** /iz it posibıl tu yu:z ı moubayl foun on dı treyn?/
Trende ankesörlü telefon var mı?	**Is there a pay telephone on the train?** /iz deı ı pey 'telifoun on dı treyn/
Bavulu lütfen alın.	**Take the suitcase, please.** /teyk dı 'su:tkeys pli:z/
Bagajımı emanete götürünüz.	**Please take my luggage to left luggage office.** /pli:z teyk may 'lagic tu left 'lagic 'ofis/
Bunlar benim eşyalarım değil.	**This isn't my luggage.** /dis izınt may 'lagic/
Bir bavul eksik.	**There's a bag missing.** /deız ı beg 'mising/
Borcum ne kadar?	**How much do I owe you?** /hau maç du ay ou yu/
Bir şikâyette bulunmak istiyorum.	**I want to make a complaint.** /ay wont tu meyk ı kım'pleynt/
Şimdi nerelerdeyiz?	**Where are we now?** /weı a: wi: nau/
... ya varmamıza kaç istasyon var?	**How many stops are there before we get to ...?** /hau 'meni stops a: deı bi'fo: wi get tu ... /
Zamanında varacak mıyız?	**Are we going to be on time?** /a: wi 'gouing tı bi on taym/

Tren burada ne kadar duracak?	**How long does the train stop here?** /hau long daz dı treyn stop hiı/
Daha çok vakit var.	**We have a lot of time.** /wi hev ı lot ov taym/
Lütfen nerede ineceğimi söyleyin.	**Please tell me where to get off.** /pli:z tel mi weı tu get of/
Burada inin.	**You get off here.** /yu get of hiı/

SÖZCÜKLER

kalkmak, hareket etmek	**to leave** /tu li:v/
kalkış, hareket	**departure** /di'pa:çı/
kompartıman	**compartment** /kım'pa:tmınt/
varmak	**to arrive** /tu ı'rayv/
varış	**arrival** /ı'rayvıl/
bağlantı	**connection** /'kınekşın/
aktarma	**change** /çeync/
durma	**stop** /stop/
çıkış	**exit** /'egsit/
inmek	**to get off** /tu get of/
istasyon	**station** /'steyşın/
peron	**platform** /'pletfo:m/
gidiş bileti	**single ticket** /'singıl 'tikit/

giriş	**entrance** /'entrıns/
demiryolu	**railway** /'reylwey/
indirim, tenzilat	**reduction** /ri'dakşın/
tarife	**time-table** /'taymteybıl/
pencere yanındaki yer	**window seat** /'windou si:t/
bagaj	**luggage** /'lagic/
bagaj rafı	**luggage shelf** /'lagic şelf/
bagaj vagonu	**van** /ven/
ray	**rail** /reyl/
el eşyası	**hand luggage** /hend 'lagic/
gar	**railway station** /'reylwey 'steyşın/
kalorifer	**heating** /'hi:ting/
çocuk bileti	**child's fare** /çaylds feı/
kontrolör	**ticket collector** /'tikit kı'lektı/
lokomotif	**locomotive** /loukı'moutiv/
makinist	**driver** /drayvı/
yolcu treni	**passenger train** /'pesincı treyn/
gidiş-dönüş bileti	**return ticket** /ri'tö:n 'tikit/
biletçi	**ticket collector** /'tikit kı'lektı/
gişe	**ticket office** /'tikit 'ofis/
yataklı vagon	**sleeping car** /'sli:pingka:/
ekspres tren	**express train** /ik'spres treyn/

yemek vagonu	**dining car** /'dayning ka:/
vagon kapısı	**carriage door** /'keric do:/
tren	**train** /treyn/
vagon	**carriage** /'keric/
kuşetli vagon	**couchette** /ku:'şet/
birinci mevki	**first class** /fö:st kla:s/
ikinci mevki	**second class** /'sekınd kla:s/
yolcu	**passenger** /'pesincı/
rötar	**delay** /di'ley/
banliyö treni	**suburban train** /sı'bö:bın treyn/

OTOMOBİLLE YOLCULUK

...'ye giden yol bu mu?	**Is this the road to ...?** /iz **d**is **dı** roud tu .../
... ya nasıl gidebilirim?	**How do I get to ...?** /hau du ay get tu .../
Sağda. (Sağdan.)	**On (To) the right.** /**o**n (tu) **dı** rayt/
Solda. (Soldan.)	**On (To) the left.** /**o**n (tu) **dı** left/
Sağa dönün.	**Turn right.** /t**ö:**n rayt/
Sola dönün.	**Turn left.** /t**ö:**n left/
Dosdoğru devam edin.	**Go straight ahead.** /gou streyt **ı**'hed/
Dümdüz.	**Straight on.** /streyt **o**n/
Şu istikamette.	**In that direction.** /in **de**t di'rekşın/
Uzak mı?	**Is it far?** /iz it fa:/
Uzak değil.	**It isn't far.** /it izınt fa:/
Yol iyi mi?	**Is the road good?** /iz **dı** roud gud/

En yakın kasaba ne kadar uzaklıkta?	**How far is it to the nearest town?** /hau fa: iz it tu **dı** 'nıırist taun/
Bir sonraki benzin istasyonu nerededir?	**Where's the next petrol station?** /weız **dı** nekst 'petrıl 'steyşın/
Burada benzin istasyonu nerede bulunur?	**Where is there a petrol station?** /weı iz **deı ı** 'petrıl 'steyşın/
Yollardan hangisi daha iyidir (kısadır)?	**Which is the better (shorter) way?** /wiç iz **dı** betı (ş**o**:tı) wey/
Exeter yolu iyi mi?	**Is the Exeter road good?** /iz **dı** 'eksitı roud gud/
Dartmoor buradan ne kadar uzaklıktadır?	**How far is Dartmoor from here?** /hau fa: iz 'da:tmuı fr**o**m hiı/
Önümüzdeki şehre kaç kilometre var?	**How many kilometres is it to the next city?** /hau 'meni 'kilımi:tız iz it tu **dı** nekst siti/
Lütfen depoyu doldurunuz.	**Please fill up the tank.** /pli:z fil ap **dı te**nk/
10 litre normal benzin, lütfen.	**10 litres of the usual petrol, please.** /ten litız **o**v **dı** yu:juıl 'petrıl pli:z/
Depoyu doldurun, kurşunsuz lütfen.	**Fill it up, unleaded please.** /fil it up an'ledid pli:z/

Lütfen onu bana haritada gösteriniz.	**Please show it to me on the map.** /pli:z şou it tu mi **on dı** mep/
20 litre süper benzin, lütfen.	**Twenty litres of super gas, please.** /'twenti litız **ov** 'su:pı ges pli:z/
Yağı boşaltınız, lütfen.	**Empty the oil, please.** /empti **di** oyl pli:z/
Lütfen yağı kontrol ediniz.	**Please check the oil.** /pli:z çek **di** oyl/
Yağı değiştirir misiniz, lütfen?	**Will you change the oil, please?** /wil yu çeync **di** oyl pli:z/
Radyatör suyunu kontrol ediniz.	**Check the water in the radiator.** /çek **dı** 'wo:tı in **dı** 'reydieytı/
Bir bidon su istiyorum.	**I want a can of water.** /ay wont **ı** ken **ov** wo:tı/
Ön camı yıkayınız, lütfen.	**Wash the front window, please.** /woş **dı** front 'windou pli:z/
Lütfen arabamı yıkayınız.	**Please wash my car.** /pli:z woş may ka:/
Aküyü doldurun.	**Charge the battery.** /ça:c **dı** 'betıri/
Lütfen bu bidonu benzinle doldurun.	**Please fill this can with petrol.** /pli:z fil **dis** ken wi**d** 'petrıl/
Arabamı yedekte götürür müsünüz (Çeker misiniz)?	**Will you tow my car?** /wil yu tou may ka:/

En yakın garaj neresidir?	**Where's the nearest garage?** /weız dı niırist 'gera:j/
Bu yakınlarda bir garaj var mı?	**Is there a garage near here?** /iz deı ı 'gera:j niı hiı/
Arabayı nereye park edebilirim?	**Where can I park the car?** /weı ken ay pa:k dı ka:/
Otoparkın bekçisi var mı?	**Is there a park attendant?** /iz deı ı pa:k ı'tendınt/
Burada ne kadar kalabilirim (park edebilirim)?	**How long can I park here for?** /hau long ken ay pa:k hiı fo:/
Otopark gece boyunca açık mı?	**Is the car park open all night?** /iz dı ka: pa:k 'oupın o:l nayt/
Bir gecelik garaj ücreti ne kadardır?	**What is the charge for keeping the car at the garage for one night?** /wot iz dı ça:c fo: ki:ping dı ka: et dı 'gera:j fo: wan nayt/
Arabamı garajdan almak istiyorum.	**I'd like to take my car from the garage.** /ayd layk tu teyk may ka: from dı 'gera:j/
Bu yakınlarda bir tamirhane var mı?	**Is there a repair garage anywhere near?** /iz deı ı ri'peı 'gera:j 'eniweı niı/
Lütfen bana bir tamirci gönderin.	**Please send me a mechanic.** /pli:z send mi ı mi'kenik/
Araba gitmiyor.	**The car doesn't go.** /dı ka: 'dazınt gou/

Ne oldu?	**What's the matter?** /wots dı 'metı/
Oto için yedek parçanız var mı?	**Do you have any spare parts for cars?** /du yu hev 'eni speı pa:ts fo: ka:z/
Bana biraz yardım edebilir misiniz?	**Can you help me a little?** /ken yu help mi ı 'litıl/
Otomobili tamir edebilir misiniz?	**Can you repair the car?** /ken yu ri'peı dı ka:/
Kaç para ödeyeceğim?	**How much must I pay?** /hau maç mast ay pey/
Tamiri ne kadar sürecek?	**How long will it take to fix?** /hau long wil it teyk tu fiks/
Lütfen hesabımı (faturayı) hazırlayınız.	**Prepare my bill, please.** /pri'peı may bil pli:z/
Zahmetiniz için teşekkürler.	**Thank you for your trouble.** /'tenk yu fo: yo: 'trabıl/
Benzinim bitti.	**I have run out of petrol.** /ay hev ran aut ov 'petrıl/
Arabamın nesi var?	**What's wrong with my car?** /wots rong wid may ka:/
Arabam arızalandı.	**My car has broken down.** /may ka: hez 'broukın daun/
Bize yardım gönderebilir misiniz?	**Could you send us help?** /kud yu send as help/
Lastiğimiz patladı.	**We've got a puncture.** /wiıv got ı 'pankçı/

Lastik basıncını kontrol eder misiniz?	**Would you check the tyre pressure?** /wud yu çek **dı** 'tayı 'preşı/
Bu lastiği tamir edebilir misiniz?	**Can you repair this tyre?** /k**e**n yu ri'peı **d**is 'tayı/
Bu lastiği değiştirir misiniz?	**Can you replace this tyre?** /k**e**n yu ri'pleys **d**is 'tayı/
İç lastik yamanabilir mi?	**Can the inner tube be patched?** /k**e**n **d**i 'inı tyu:b bi p**e**çt/
Beni bir doktora götürün, lütfen.	**Take me to a doctor, please.** /teyk mi tu **ı** 'd**o**ktı pli:z/
Bir kaza geçirdim.	**I had an accident.** /ay h**e**d **e**n '**e**ksidınt/

Telefonunuzu kullanabilir miyim?	**Can I use your phone?** /k**e**n ay yu:z y**o:** foun/

Cep telefonunuzu kullanabilir miyim?	**Can I use your mobile phone?** /ken ay yu:z yo: 'moubayl foun/
Polise haber verir misiniz, lütfen.	**Would you get in touch with the police, please?** /wud yu get in taç wid dı pı'li:s pli:z/
Kazadan ben sorumlu değilim.	**I am not responsible for the accident.** /ay em not ri'sponsıbıl fo: dı 'eksidınt/
Ben önde gidiyordum.	**I was driving ahead.** /ay waz 'drayving ı'hed/
Arabam sigortalıdır.	**My car is insured.** /may ka: iz in'şuıd/
Bir çarpışma oldu.	**We had a collision.** /wi hed ı kı'li:jın/
Arabam ansızın durdu.	**My car stopped suddenly.** /may ka: stopt 'sadınli/
Hızlı sürmüyordum.	**I wasn't driving fast.** /ay 'wozınt 'drayving fa:st/
Özür dilerim.	**I'm sorry.** /aym 'sori/
Ehliyetim var.	**I've got a driving licence.** /ayv got ı 'drayving 'laysıns/
Önce sağa sap sonra sola.	**First turn to the right, and then to the left.** /fö:st tö:n tu dı rayt end den tu dı left/

Uzak değil.	**It isn't far.** /it izınt fa:/
Bu taraftadır.	**It's this way.** /its dis wey/

SÖZCÜKLER

aks	**axle** /'eksıl/
römork	**trailer** /'treylı/
motoru çalıştırmak	**to start** /tu sta:t/
kontak düğmesi	**starter** /sta:tı/
diferansiyel	**differential** /difı'renşıl/
egzoz borusu	**exhaust pipe** /ig'zo:st payp/
iç lastik	**inner tube** /inı tyu:b/
benzin deposu	**petrol tank** /'petrıl tenk/
benzin tenekesi	**petrol can** /'petrıl ken/
fren	**brake** /'breyk/
fren yapmak	**to brake** /tu 'breyk/
fren pedalı	**brake pedal** /'breyk pedıl/
dizel motoru	**diesel engine** /di:zıl 'encin/
dinamo	**dynamo** /'daynımou/
kriko	**jack** /cek/
stepne	**spare wheel** /speı wi:l/
yedek parça	**spare part** /speı pa:t/
vites	**gear** /giı/

gaz pedalı	**gas pedal** /ges pedıl/
debriyaj	**clutch** /klaç/
hız	**speed** /spi:d/
arka pencere	**rear window** /riı 'windou/
arka tekerlek	**rear wheel** /riı wi:l/
korna	**horn** /ho:n/
takoz	**wedge** /wec/
debriyaj pedalı	**clutch pedal** /klaç pedıl/
viraj	**curve** /kö:v/
hava pompası	**air pump** /eı pamp/
far	**headlight** /'hedlayt/
plaka	**licence plate** /'laysıns 'pleyt/
park yapmak	**to park** /tu pa:k/
park yeri	**car park, parking lot** /ka: pa:k, 'pa:king lot/
pedal	**pedal** /pedıl/
tekerlek	**wheel** /wi:l/
lastik patlaması	**puncture** /'pankçı/
tamir	**repair** /ri'peı/
arka koltuk	**back seat** /bek si:t/
vites kolu	**gear lever** /giı 'li:vı/
cam sileceği	**wiper** /'waypı/
gres yağı	**grease** /gri:s/
kar zinciri	**snow chain** /snou çeyn/

benzin istasyonu	**petrol station** /petrıl ‘steyşın/
kaza	**accident** /’eksidınt/
vantilatör kayışı	**fan belt** /fen belt/
karbüratör	**carburettor** /ka:byu’reytı/
trafik kuralları	**traffic rules** /’trefik ru:lz/
trafik işaretleri	**traffic signs** /’trefik saynz/
ön tekerlek	**front wheel** /frant wi:l/
ön koltuk	**front seat** /frant si:t/
takım çantası	**tool-bag** /tu:l beg/
ön cam	**windscreen** /’windskri:n/

UÇAKLA YOLCULUK

Bugün Londra'ya (Paris'e) bir uçak var mı?	**Is there a plane to London (Paris) today?** /iz deı ı pleyn tu 'landın ('peris) tı'dey/
Londra'ya bundan sonraki uçak ne zaman?	**What time is the next plane to London?** /wot taym iz dı nekst pleyn tu 'landın/
Liverpool'a gidiş dönüş uçuşun fiyatı nedir?	**How much is the return flight to Liverpool?** /hau maç iz dı ri'tö:n flayt tu 'livıpul/
İstanbul'a bağlantılı uçak var mı?	**Is there a connecting flight to Istanbul?** /iz deı ı kı'nekting flayt tu istan-bul/
...ye çartır uçağı var mı?	**Is there a charter flight to ...?** /iz deı ı ça:tı flayt tu .../
... uçağında yer var mı?	**Are there seats available on the plane to ...?** /a: deı si:ts ı'veylıbıl on dı pleyn tu .../
Ne zaman havaalanında olmam gerekir?	**What time do I have to be at the airport?** /wot taym du ay hev tu bi et di 'eıpo:t/

Havalimanı nerededir?	**Where's the airport?** /weız di 'eıpo:t/
Yarın için İstanbul'a iki yer ayırtmak istiyorum.	**I want to book two seats for Istanbul for tomorrow.** /ay wont tu buk tu: si:ts fo: istanbul fo: tı'morou/
Bagaj kaç kilo geliyor?	**How much does the luggage weigh?** /hau maç daz dı 'lagic wey/
... kilo fazla eşyanız var.	**You have ... kilos excess baggage.** /yu hev ... kilouz ik'ses 'begic/
Bunu el çantası olarak uçakta yanıma alabilir miyim?	**Can I take this as hand luggage to the plane?** /ken ay teyk dis ez hend 'lagic tu dı pleyn/
Sigara salonu nerede?	**Where is the smoking area?** /weı iz dı 'smouking 'eırii/
Bekleme salonu nerede?	**Where is the waiting room?** /weı iz dı 'weyting rum/
..........no'lu kapı nerede?	**Where is Gate ...?** /weı iz geyt .../
Danışma bürosu nerede?	**Where is the information desk?** /weı iz di infı'meyşın 'desk/
Bagajın kaç kilosu ücretsizdir?	**How much of the luggage is free?** /hau maç ov dı 'lagic iz fri:/
Uçak zamanında gelecek mi?	**Is the plane on time?** /iz dı pleyn on taym/

Uçak on dakika gecikme ile gelecek.	**The plane will be ten minutes late.** /dı pleyn wil bi ten 'minits leyt/
Bana bir gazete verebilir misiniz, lütfen?	**Could you give me a newspaper, please?** /kud yu giv mi ı 'nyu:speypı pli:z/
Kendimi iyi hissetmiyorum.	**I don't feel well.** /ay dount fi:l wel/
Kendimi hasta hissediyorum.	**I feel sick.** /ay fi:l sik/
Saat kaçta iniyoruz?	**What time shall we land?** /wot taym şel wi lend/
Adana ile Londra arasında uçak seferleri var mı?	**Are there flights between Adana and London?** /a: deı flayts bi'twi:n adana end 'landın/
Yarın İstanbul'a uçacağım (uçakla gideceğim).	**I'm flying to Istanbul tomorrow.** /aym 'flaying tu istanbul tı'morou/
... ya bağlantılı sefer var mı?	**Is there a connecting flight to ...?** /iz deı ı kı'nekting flayt tu .../
Uçağın ne kadar gecikmesi (rötarı) var?	**How late is the plane?** /hau leyt iz dı pleyn/
5 kilo fazla eşyanız var.	**You have 5 kg excess baggage.** /yu hev fayv kilouz ik'ses 'begic/
Gümrüksüz sigara satıyor musunuz?	**Do you sell duty-free cigarettes?** /du yu sel dyu:ti'fri: sigı'rets/

Sigara içebilir miyim?	**Can I smoke?** /ken ay smouk/
... dağı (...nehri) üzerinde uçuyoruz.	**We are flying over ... mountain (... river).** /wi a: 'flaying ouvı ... 'mauntin (... 'rivı)/
Kemerlerinizi çözebilirsiniz.	**You can unfasten your seat belts.** /yu ken anfa:sın yo: si:t belts/
... 'dan gelen uçak inmiş durumdadır.	**The plane from ... has landed.** /dı pleyn from ... hez lendid/
Şu hangi nehir?	**Which river is that?** /wiç 'rivı iz det/
Şu dağlar ne dağları?	**What mountains are those?** /wot 'mauntinz a: douz/
...'da hava nasıl?	**What is the weather like in ...?** /wot iz dı 'wedı layk in .../
Tuvalete gitmek istiyorum.	**I want to go to the toilet.** /ay wont tu gou tu dı 'toylit/
Uçak ne zaman kalkıyor?	**What time is the plane taking off?** /wot taym iz dı pleyn 'teyking of/
Kemerimi çözebilir miyim?	**Can I unfasten my belt?** /ken ay an'fa:sın may belt/
Kemerlerinizi bağlayın, lütfen.	**Fasten your seat belts, please.** /fa:sın yo: si:t belts pli:z/
... dan gelen uçak indi mi?	**Has the plane from ... landed?** /hez dı pleyn from ... 'lendid/

Lütfen sigaralarınızı söndürünüz.	**Please extinguish your cigarettes.** /pli:z ik'stingwiş y**o:** sig**ı**'rets/
Sigara içmem sizi rahatsız eder mi?	**Do you mind my smoking?** /du yu maynd may 'smouking/
Uçuş sefer sayısı kaç?	**What's the flight number?** /w**o**ts **dı** flayt 'nambı/
Uçak değiştirmem gerekir mi?	**Do I have to change planes?** /du ay h**e**v tu çeync pleynz/
Hangi yükseklikte uçuyoruz?	**What altitude are we flying at?** /w**o**t '**e**ltityu:d a: wi 'flaying **e**t/

GEMİDE

... numaralı kamarayı arıyorum.	**I'm looking for number ... cabin.** /aym 'luking fı 'nambı ... 'kebin/
Kamaram çok küçük, değiştirebilir misiniz?	**May cabin is too small, can you change it?** /may 'kebin iz tu: smo:l ken yu çeync it/
Gemide doktor bulunur mu?	**Is there a doctor on board?** /iz deı ı 'doktı on bo:d/
... nerede?	**Where's the ...?** /weız dı .../
Geminin adı ne?	**What is the name of the ship?** /wot iz dı neym ov dı şip/
Kaptan ile konuşmak istiyorum.	**I want to speak to the captain.** /ay wont tu spi:k tu dı 'keptin/
Bana kamarotu çağırır mısınız?	**Will you fetch the steward for me?** /wil yu: feç dı 'syu:ıd fo: mi/
Lütfen, çok acele gemi doktorunu çağırın.	**Fetch the ship's doctor immediately, please.** /feç dı şips 'doktı i'mi:diıtli pli:z/
Deniz tuttu.	**I have been seasick.** /ay hev bi:n 'si:sik/
Deniz tutmasına karşı ilacınız var mı?	**Have you something for seasickness?** /hev yu 'samting fo: 'si:siknis/

SINIRLARDA GİRİŞ – ÇIKIŞ

Pasaport kontrolü nerededir?	**Where's the passport control?** /weız dı 'pa:spo:t kın'troul/
Avrupa Birliği üyesi ülke vatandaşları için	**for EC citizens** /fo: i: si: 'sitizınz/
Avrupa Birliği üyesi olmayan ülke vatandaşları için	**for non-EC citizens** /fo: non i: si: 'sitizınz/
Pasaportunuz lütfen.	**Your passport, please.** /yo: 'pa:spo:t pli:z/
İşte pasaportum.	**Here's my passport.** /hiı iz may pa:spo:t/
Vizeniz var mı?	**Have you got a visa?** /hev yu got ı 'vi:zı/
Vize aldım.	**I have a visa.** /ay hev ı 'vi:zı/
Vizeyi buradan alabilir miyim?	**Can I get the visa here?** /ken ay get dı 'vi:zı hiı/
Lütfen bu formu doldurun.	**Please fill in this form.** /pli:z fil in dis fo:m/
Çocuklar benim pasaportuma kayıtlı.	**The children are entered in my passport.** /dı 'çildrın a: 'entıd in may 'pa:spo:t/
İyi yolculuklar.	**Have a nice journey.** /hev ı nays cö:ni/

İngilizce bilmiyorum, tercüman çağırır mısınız?	**I can't speak English, can you call an interpreter?** /ay ka:nt spi:k 'ingliş ken you ko:l en in'tö:pritı/
Mümkünse konsolosluğuma telefon etmek istiyorum.	**I want to call my consulate if possible.** /ay wont tu ko:l may 'konsyulit if 'posibıl/
Pasaportunuzun süresi gelecek ay bitiyor.	**Your passport expires next month.** /yo: pa:spo:t ik'spayız nekst mant/
Yeşil sigorta kartım var.	**I have the green insurance policy.** /ay hev dı gri:n in'şuırıns 'polisi/
Sınıra ne zaman varıyoruz?	**When do we reach the border?** /wen du wi ri:ç dı 'bo:dı/
Gümrük muayenesi nerededir?	**Where's the customs control?** /weız dı 'kastımz kın'troul/
Bagaj kontrolü trende mi yapılacak?	**Will they examine the luggage on the train?** /wil dey ig'zemin dı 'lagic on dı treyn/
Gümrüğe tâbi bir şeyiniz var mı?	**Have you got anything to declare?** /hev yu got 'eniting tu di'kleı/
Gümrüğe tâbi bir şeyim yok.	**I have nothing to declare.** /ay hev 'nating tu di'kleı/
Gümrüğe tabi eşyam var.	**I have something to declare.** /ay hev 'samting tu di'kleı/

Bavulumu açayım mı?	**Shall I open my case?** **/şel ay 'oupın may 'su:tkeys/**
Hepsi kullanılmış şeylerdir.	**They are all used things.** /dey a: **o**:l yu:zd **t**ingz/
Sadece özel eşyalarım var.	**I have only my personal belongings.** /ay h**e**v ounli may 'p**ö:**sınıl bi'l**o**ngingz/

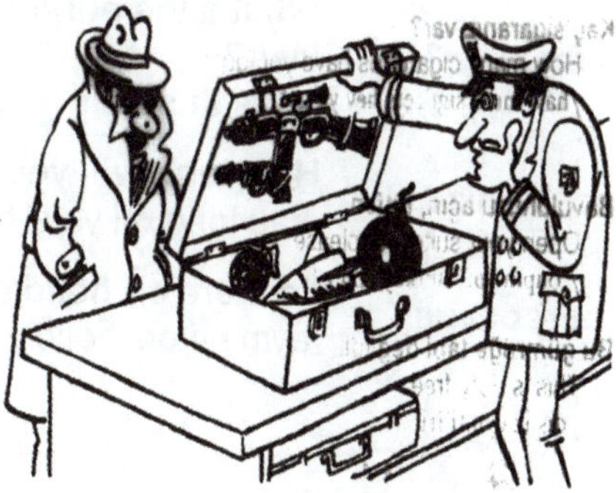

Bu hediyedir.	**This is a present.** /**d**is iz **ı** 'prezınt/
Hepsi bu kadar.	**That's all.** /**d**ets **o**:l/
Bu bir hatıra eşyasıdır.	**This is a souvenir.** /**d**is iz **ı** su:vı'niı/
İşte ehliyetim.	**Here is my driving licence.** /hi**ı** iz may 'drayving 'laysıns/
Kaç sigaranız var?	**How many cigarettes have you got?** /hau 'meni sig**ı**'rets h**e**v yu g**o**t/

Bu benim bavulum değil.	**This isn't my suitcase.** /dis izınt may 'su:tkeys/
Bavulunuzu açın, lütfen.	**Open your suitcase, please.** /'oupın yo: 'su:tkeyz pli:z/
Bu gümrüğe tâbi değildir.	**This is duty-free.** /dis iz dyu:ti'fri:/
Bunun için gümrük ödeyecek miyim?	**Shall I pay duty on it?** /şel ay pey dyu:ti on it/
Ziyaretinizin amacı ne?	**What's the purpose of your visit?** /wots dı pö:pıs ov yo: vizit/
Ne kadar kalacaksınız?	**How long will you be staying?** /hau long wil yu bi 'steying/
Tatil (iş) için buradayım.	**I'm here on holiday (business).** /aym hiı on 'holıdi ('biznis)/

Otel

Pansiyon

Bölüm 3

Barınma, Konaklama

OTEL

İyi bir otel biliyor musunuz?	**Do you know a good hotel?** /du yu nou ı gud hou'tel/
Bana ucuz bir otel tavsiye edebilir misiniz?	**Could you recommend me a cheap hotel?** /kud yu 'rekımend mi ı çi:p hou'tel/
Buraya uzak mı?	**Is it far from here?** /iz it fa: from hiı/
Oraya nasıl gidebilirim?	**How can I go there?** /hau ken ay gou deı/
Fiyatlar biraz yüksek.	**The prices are rather high.** /dı praysiz a: 'ra:dı hay/
Öğrenci yurdu nerededir?	**Where is the hostel?** /weı iz dı 'houstıl/
Boş odanız var mı?	**Have you got any vacant rooms?** /hev yu got 'eni 'veykınt rumz/
Tek yataklı bir oda istiyorum.	**I want a single room.** /ay wont ı 'singıl rum/
Bir gece için çift yataklı oda istiyorum.	**I want a double room for one night.** /ay wont ı 'dabıl rum fo: wan nayt/
Banyolu odanız var mı?	**Have you got a room with bath?** /hev yu got ı rum wid ba:t/

Banyosuz odanız var mı?	**Have you got a room without bath?** /hev yu got ı rum wid'aut ba:t/
İki yataklı, duşlu bir oda istiyoruz.	**We want a double room with shower.** /wi wont ı dabıl rum wid 'şauı/
Bir oda ayırtmıştım.	**I had reserved a room.** /ay hed ri'zö:vd ı rum/
Adım ...	**My name's ...** /may neymz .../
.... gün önce yer ayırtmıştım.	**I reserved ... days ago.** /ay ri'zö:vd ... deyz ı'gou/
Odayı görebilir miyim?	**Can I see the room?** /ken ay si: dı rum/
Hayır, bu oda hoşuma gitmedi, çok karanlık.	**No, I don't like this room; it's too dark.** /nou ay dount layk dis rum its tu: da:k/
Oda çok küçüktür.	**The room is too small.** /dı rum iz tu: smo:l/
Tamam, odayı beğendim.	**All right, I like the room.** /o:l rayt ay layk dı rum/
İlave bir ... alabilir miyim?	**May I have an extra ...?** /mey ay hev en 'ekstrı .../
Lütfen bana daha ucuz bir oda gösteriniz.	**Please show me a cheaper room.** /pli:z şou mi ı çi:pı rum/
Odanın bir günlüğü ne kadar?	**How much a day is the room?** /hau maç ı dey iz dı rum/

Kahvaltı dahil mi?	**Is breakfast included?** /iz 'brekfıst in'klu:did/
Her şey dahil mi?	**Is everything included?** /iz 'evriting in'klu:did/
Kredi kartıyla ödeyebilir miyim?	**Can I pay by credit card?** /ken ay pey bay 'kredit ka:d/
Bu formu doldurur musunuz?	**Will you fill in this form?** /wil yu fil in dis fo:m/
Pasaportunuzu görebilir miyim?	**Can I see your passport?** /ken ay si: yo: 'pa:spo:t/
Daha evvel otelinizde kalmıştım.	**I have stayed in your hotel before.** /ay hev steyd in yo: hou'tel bi'fo:/
Eşyalarım arabada.	**My luggage is in the car.** /may 'lagic iz in dı ka:/
Eşyalarımı odama getiriniz, lütfen.	**Bring my luggage to my room, please.** /bring may 'lagic tu may rum pli:z/
Lütfen bana birkaç havlu getiriniz.	**Please bring me some towels.** /pli:z bring mi sım 'tauılz/
Kahvaltı istiyorum.	**I want breakfast.** /ay wont 'brekfıst/
Yarın beni saat sekizde uyandırınız, lütfen.	**Wake me up at eight o'clock tomorrow, please.** /weyk mi ap et eyt ı'klok tı'morou pli:z/
Lokantanız var mıdır?	**Have you got a restaurant?** /hev yu got ı 'restront/

Banyo nerededir?	**Where is the bath?** /weı iz **dı** ba:**t**/
Nereden telefon edebilirim?	**Where can I make a telephone call?** /weı k**e**n ay meyk **ı** 'telifoun k**o:**l/
Türkçe (İngilizce) gazete bulabilir miyim?	**Can I find a newspaper in Turkish (English)?** /k**e**n ay faynd **ı** 'nyu:zpeypı in 't**ö:**kiş ('ingliş)/
Anahtarımı kaybettim.	**I've lost my key.** /ayv l**o**st may ki:/
Anahtarı odada unuttum.	**I've locked myself out of my room.** /ayv l**o**kt may'self aut **o**v may rum/
Odamda ... yok.	**There is no ... in my room.** /**de**ı iz nou ... in may rum/
Anahtarımı lütfen.	**My key, please.** /may ki: pli:z/
50 numaralı odanın anahtarı, lütfen.	**The key to room number 50, please.** /**dı** ki: tu rum 'nambı 'fifti pli:z/
Yarın sabah ayrılıyorum.	**I'm leaving tomorrow morning.** /aym 'li:ving tı'm**o**rou 'm**o:**ning/
Bu akşam ayrılıyoruz.	**We are leaving this evening.** /wi a: 'li:ving **d**is 'i:vning/
Hesabım hazır mı?	**Is my bill ready?** /iz may bil 'redi/

Eşyalarımı lütfen aşağıya indiriniz.	**Have my luggage taken downstairs, please.** /hev may 'lagic 'teykın daun'steız pli:z/
Bir taksi çağırınız, lütfen.	**Call a taxi, please.** /ko:l ı 'teksi pli:z/
Burada yalnız bir gece kalacağım.	**I'll stay here for one night only.** /ayl stey hiı fo: wan nayt 'ounli/
Tuvalet nerededir?	**Where's the toilet?** /weız dı 'toylit/
Otel kaça kadar açıktır?	**Till what time is the hotel open?** /til wot taym iz dı hou'tel 'oupın/
Banyo yapmak istiyorum.	**I want to have a bath.** /ay wont tu hev ı ba:t/
Garajınız var mı?	**Have you got a garage?** /hev yu got ı 'gera:j/
Lütfen arabamı garaja götürünüz.	**Please take my car to the garage.** /pli:z teyk may ka: tu dı 'gera:j/
Bu elbiseyi ütületmek istiyorum.	**I want to have this dress ironed.** /ay wont tu hev dis dres ayınd/
Kahvaltı saat kaçtadır?	**What time is breakfast?** /wot taym iz 'brekfıst/
Kahvaltıyı odamda yapabilir miyim?	**Can I have breakfast in my room?** /ken ay hev 'brekfıst in may rum/

Çay (kahve, süt) içmek istiyorum.	**I want to drink tea (coffee, milk).** /ay wont tu drink ti: ('kofi, milk)/
Yumurtanızı nasıl istersiniz?	**How do you like your egg?** /hau du yu layk yo: eg/
Rafadan yemek istiyorum.	**I like to have it boiled.** /ay layk tu hev it boyld/
Oda anahtarımı veriniz, lütfen.	**Give me my room key, please.** /giv mi may rum ki: pli:z/
Bana odayı gösterir misiniz, lütfen?	**Will you show me the room, please?** /wil yu şou mi dı rum pli:z/
Burada üç gün kalacağız.	**We'll stay here for three days.** /wil stey hiı fo: tri: deyz/
Arabamı nerede bırakabilirim?	**Where can I leave my car?** /weı ken ay li:v may ka:/
Asansör nerededir?	**Where's the lift?** /weız dı lift/
Lütfen bana temiz bir havlu getiriniz.	**Please bring me a clean towel.** /pli:z bring mi ı kli:n 'tauıl/
Beni arayan soran oldu mu?	**Did anyone ask for me?** /did 'eniwan a:sk fo: mi/
Bana .... numarayı bağlar mısınız?	**Will you give me number ...?** /wil yu giv mi 'nambı .../
Benim için bir mektup var mı?	**Is there any mail for me?** /iz deı 'eni meyl fo: mi/
Biri sizi görmek istiyor.	**Someone wants to see you.** /samwan wonts tu si: yu/

Bir sorun mu var?	**Is there a problem?** /iz deı ı ‘problım/
Hiç kimse gelmedi.	**Nobody has come.** /’noubıdi hez kam/
Odamda yemeği tercih ederim.	**I'd rather eat in my room.** /ayd ‘ra:dı i:t in may rum/
Priz bozuk.	**The wall socket is broken.** /dı wo:l ‘sokit iz ‘broukın/
Kalorifer çalışmıyor.	**The heating isn't working.** /dı ‘hi:ting izınt ‘wö:king/
Bana yeni bir ... getirin lütfen.	**Please bring me a new .... .** /pli:z bring mi ı nyu .../
Bunun ütülenmesini istiyorum.	**I'd like this ironed.** /ayd layk dis ayınd/
Bunu emanet kasasına verebilir miyim?	**Can I leave this in the safe?** /ken ay li:v dis in dı seyf/

Burada voltaj kaç?	**What is the voltage here?** /wot iz dı ‘voultic hiı/

Yatak çarşafımı değiştirin, lütfen.	**Please change the bed-sheets.** /pli:z çeync **dı** bedşi:ts/
Bana bir gazete bulabilir misiniz?	**Could you find a newspaper for me?** /kud yu faynd **ı** 'nyu:zpeypı f**o:** mi/
Bana bir battaniye ve yastık daha verebilir misiniz?	**Could you give me another blanket and pillow?** /kud yu giv mi **ı**'na**dı** 'bl**e**nkit **e**nd 'pilou/
Bir arkadaş (telefon, mektup) bekliyorum.	**I'm expecting a friend (a phone call, a letter).** /aym ik'spekting **ı** frend (**ı** foun k**o:**l **ı** let**ı**)/
Faturamı adresime gönderin.	**Please send the bill to my address.** /pli:z send **dı** bil tu may **ı**'dres/
Kredi kartıyla ödemek istiyorum.	**I'd like to pay by credit card.** /ayd layk tu pey bay 'kredit ka:d/
Sanırım hesap yanlış.	**I think the bill is wrong.** /ay **t**ink **dı** bil iz 'r**o**ng/
Anahtarı kapının üstünde bıraktım.	**I have left the key in the door.** /ay h**e**v left **dı** ki: in **dı** d**o:**/
Eşyalarımı burada bırakabilir miyim?	**Can I leave my luggage here?** /k**e**n ay li:v may 'lagic hi**ı**/
Her şey için teşekkürler.	**Thanks for everything.** /'**te**nks f**ı** 'evri**t**ing/

PANSİYON

Boş odanız var mı?	**Have you got any empty rooms?** /hev yu got 'eni empti rumz/
Bir oda istiyorum.	**I want a room.** /ay wont ı rum/
Bir yatak istiyorum.	**I want a bed.** /ay wont ı bed/
Odayı görebilir miyim?	**Can I see the room?** /ken ay si: dı rum/
Tam pansiyon veriyor musunuz?	**Do you give full board?** /du yu giv ful bo:d/
Yarım pansiyon fiyatı ne kadar?	**What's the rate for half board?** /wots dı reyt fo: ha:f bo:d/
Bu evin bir aylık kirası nedir?	**How much a month is the rent of this house?** /hau maç ı mant iz dı rent ov dis haus/
Bu odaya param yetişmez, daha ucuzu var mı?	**I can't afford this room; is there a cheaper one?** /ay ka:nt ı'fo:d dis rum iz deı ı çi:pı wan/
Kira peşin mi ödenecek?	**Is the rent paid in advance?** /iz dı rent peyd in ıd'va:ns/
Size bir miktar kaparo vereyim mi?	**Shall I give you some deposit?** /şel ay giv yu sam di'pozit/

Sıcak bir banyo almak istiyorum.	**I want to have a hot bath.** /ay wont tu hev ı hot ba:t/
Soğuk bir duş almak istiyorum.	**I want to have a cold shower.** /ay wont tu hev ı kould 'şauı/
Burada nerede çamaşır yıkanabilir?	**Where can one wash clothes here?** /weı ken wan woş kloudz hiı/
Lütfen çamaşırlarımı çamaşırhaneye veriniz.	**Please give my washing to the laundry.** /pli:z giv may 'woşing tu dı 'lo:ndri/
Çamaşırlarımı ne zaman geri alabilirim?	**Where can I get my laundry back?** /wen ken ay get may 'lo:ndri bek/
Bu yıkanmalı ve ütülenmeli.	**This must be washed and ironed.** /dis mast bi woşt end ayınd/
Gömlek iyi yıkanmamış.	**The shirt wasn't washed properly.** /dı şö:t 'wozınt woşt 'propıli/
Bu takım elbiseyi ütületmek istiyorum.	**I want to have this suit ironed.** /ay wont tu hev dis su:t ayınd/
Elbisemdeki lekeleri çıkartabilir misiniz?	**Can you remove the stains from my clothes?** /ken yu ri'mu:v dı steynz from may kloudz/
Odam temizlenmişe benzemiyor.	**My room doesn't seem to have been cleaned.** /may rum 'dazınt si:m tu hev bi:n kli:nd/

Anahtar kapatmıyor.	**The key doesn't work.** /**dı** ki: 'dazınt w**ö:**k/
Musluk devamlı akıyor.	**The tap keeps dripping.** /**dı** tep ki:ps 'driping/
Kalorifer çalışmıyor.	**The heating doesn't work.** /**dı** 'hi:ting 'dazınt w**ö:**k/
Radyatörü açabilir misiniz? (Kapayabilir misiniz)?	**Can you turn on (turn off) the radiator?** /ken yu t**ö:**n **o**n (t**ö:**n **o**f) **dı** 'reydieytı/
Bana fazla bir sandalye verebilir misiniz?	**Can you give me an extra chair?** /ken yu giv mi **e**n 'ekstrı çeı/
Kahvaltı veriyor musunuz?	**Do you serve breakfast?** /du yu s**ö:**v 'brekfıst/
Daha büyük (sessiz) bir odanız var mı?	**Have you got a bigger (quieter) room?** /hev yu got ı bigı (kwayıtı) rum/
Çocuklar için indirim var mı?	**Is there a reduction for children?** /iz **deı** ı ri'dakşın f**o:** 'çildrın/
Ne kadar kalacaksınız?	**How long will you be staying?** /hau l**o**ng wil yu bi 'steying/
Burayı imzalayın, lütfen.	**Sign here, please.** /sayn hiı pli:z/
Kahvaltı saat kaçta?	**What time is breakfast?** /w**o**t taym iz 'brekfıst/
Beni arayan oldu mu?	**Did anyone enquire for me?** /did 'eniwan in'kwayı fı mi/

... dakika sonra geri döneceğim.	**I'll be back in ... minutes.** /ayl bi bek in ... 'minits/
Yarın ayrılıyorum.	**I shall be leaving tomorrow.** /ay şel bi 'li:ving tı'morou/
Hesabı verir misiniz, lütfen?	**May I have the bill, please?** /mey ay hev dı bil pli:z/
Kredi kartı kabul ediyor musunuz?	**Do you accept credit cards?** /du yu ık'sept 'kredit ka:dz/

Yol sorma
Dolaşma, gezme
Taşıt aracı
Sinema, tiyatro
Postanede
Poliste
Bankada
Lokantada
Yemek listesi
Kafede, pastanede
Kitapçıda
Bilgisayar
İnternet
Markette

Bölüm 4

Şehirde

YOL SORMA

Affedersiniz, bana yardım edebilir misiniz?	**Excuse me, can you help me?** /ik'skyu:z mi k**e**n yu help mi/
Affedersiniz, bu civarı tanıyor musunuz?	**Excuse me, do you know this district?** /ik'skyu:z mi du yu nou **d**is 'distrikt/
Nereye gitmek istiyorsunuz?	**Where do you want to go?** /weı du yu w**o**nt tu gou/

Otobüs durağı nerededir?	**Where's the bus stop?** /weız **dı** bas st**o**p/
Postane nerede?	**Where is the post-office?** /weı iz **dı** poust '**o**fis/
Nerede telefon kartı bulabilirim?	**Where can I get a phonecard?** /weı k**e**n ay get ı 'founka:d/

Müzeye (tiyatroya, sinemaya, istasyona ...) en kısa yol hangisi?	**Which is the shortest way to the museum (theatre, cinema, station ...)?** /wiç iz **dı** ş**o:**tist wey tu **dı** myu:'zıım (**'tıı**tı 'sinımı cinema, station ...)?/
... ya nasıl gidebilirim?	**How can I get to ...?** /hau ken ay get tu .../
Şehrin merkezi nerededir?	**Where is the city centre?** /weı iz **dı** siti sentı/
Bu cadde nereye gider?	**Where does this street lead to?** /weı daz **d**is stri:t li:d tu/
Sağa (sola) sap.	**Turn right (left).** /t**ö:**n rayt (left)/
Oraya yürüyebilirsiniz.	**You can walk there.** /yu ken w**o:**k **d**eı/
Oraya yürüyebilir miyim, yoksa otobüse mi bineyim?	**Can I walk there or shall I take a bus?** /ken ay w**o:**k **d**eı **o:** şel ay teyk ı bas/
Tekrar sorun.	**Ask again.** /a:sk ı'geyn/
Yanlış yoldasınız.	**You're on the wrong way.** /y**o:**r on **dı** rong wey/
Hangi yönde gitmeliyim?	**Which direction do I have to go?** /wiç di'rekşın du ay hev tu gou/
... hangi yönde?	**What direction is ... in?** /wot di'rekşın iz ... in/

... hangi caddede?	**What street is .... in?** /wot stri:t iz ... in/
Sağda.	**To the right.** /tu dı rayt/
Solda.	**To the left.** /tu dı left/
Nereye gitmek istiyorsunuz?	**Where do you want to go?** /weı du yu wont tu gou/
Size yardım edebilir miyim?	**Can I help you?** /ken ay help yu/
Yürümek zorunda mıyım?	**Do I have to walk?** /du ay hev tu wo:k/
Uzak mıdır?	**Is it far?** /iz it fa:/
Çok uzak değil.	**It is not very far.** /it iz not 'veri fa:/
Çok uzak.	**It is a very long way.** /it iz ı 'veri long wey/
Yürüyerek ne kadar sürer?	**How long does it take on foot?** /hau long daz it teyk on fut/
Yürüyerek gidilmez.	**You cannot walk there.** /yu kenot wo:k deı/
Yürüyerek ... dakika sürer.	**It takes ... minutes to walk there.** /it teyks ... 'minits tu wo:k deı/
İstasyona ne kadar yol var?	**How far is the station?** /hau fa: iz dı 'steyşın/

Yolumu kaybettim.	**I've lost my way.** /ayv lost may wey/
Hep dosdoğru mu gidece-ğim?	**Shall I go straight on all the way?** /şel ay gou streyt on o:l dı wey/
İlk caddeden sağa sap.	**Turn right at the first street.** /tö:n rayt et dı fö:st stri:t/
Kavşaktan sola git.	**Go left at the crossroads.** /gou left et dı 'krosroudz/
Otobüse bineceğim.	**I'll take a bus.** /ayl teyk ı bas/
Ben de buranın yabancısı-yım.	**I'm a stranger here myself.** /aym ı 'streyncı hiı may'self/

DOLAŞMA, GEZME

Buranın ilginç yerleri nelerdir?	**What are the places of interest here?** /wot a: dı pleysiz ov 'intrist hiı/
Beni .... kilisesine götürünüz.	**Take me to the ... church.** /teyk mi tu dı ... çö:ç/
Yayan gitmek daha iyi olur.	**It's better to go on foot.** /its 'betı tu gou on fut/
Bu heykel kimin eseri?	**Who built this statue?** /hu: bilt dis 'steçu:/
Şehir turu yapabilir miyim?	**Can I make a sight-seeing tour?** /ken ay meyk ı 'saytsi:ing tu:ı/
Şehir turu ister misiniz?	**Would you like a city tour?** /wud yu layk ı siti tuı/
Tur ne zaman başlıyor?	**When does the tour begin?** /wen daz dı tuı bi'gin/
Boş zamanınız var mı?	**Have you got some free time?** /hev yu got sam fri: taym/
Nerede buluşalım?	**Where shall we meet?** /weı şel wi mi:t/
Ne zaman geri geliriz?	**When do we come back?** /wen du wi kam bek/
Saat kaçta gelmem gerekiyor?	**What time do I need to come?** /wot taym du ay ni:d tu kam/

Burada biraz duralım mı?	**Shall we stop here for a while?** /şel wi stop hiı fo: ı wayl/
Geri dönelim mi?	**Shall we go back?** /şel wi gou bek/
Lütfen bana .... yı gösteriniz.	**Please show me ...** /pli:z şou mi .../
Bugün açık.	**It's open today.** /its 'oupın tı'dey/
Bugün kapalı.	**It's closed today.** /its klouzd tı'dey/
Bu bina ne binasıdır?	**What building is this?** /wot 'bilding iz dis/
Çok hızlı (yavaş) yürüyorsunuz.	**You walk too fast (slow).** /yu wo:k tu: fa:st (slou)/
(Çok) yoruldum.	**I feel (very) tired.** /ay fi:l ('veri) tayıd/
Şu levhada ne yazılı?	**What's on that sign board?** /wots on det sayn bo:d/
Siz de gelir misiniz?	**Will you come, too?** /wil yu kam tu:/
Müzeye gidiyorum.	**I'm going to the museum.** /aym 'gouing tu dı myu:'ziım/
Uzun süredir buradayım.	**I've been here a long time.** /ayv bi:n hiı ı long taym/
Burası hoşuma gidiyor.	**I like it here.** /ay layk it hiı/

Müzeyi ziyaret etmek istiyoruz.	**We would like to visit the museum.** /wi wud layk tu vizit **dı** myu:'zıım/
Deniz Müzesine en kolay yol hangisidir?	**Which is the easiest way to the Naval Museum?** /wiç iz **dı** i:zıist wey tu **dı** 'neyvıl myu:'zıım/
Müze haftanın hangi günleri açıktır?	**What days of the week is the museum open?** /wot deyz **ov dı** wi:k iz **dı** myu:'zıım 'oupın/
Bir kişi için kaç paradır?	**How much is it for one person?** /hau maç iz it f**o:** wan p**ö:**sın/
Resim çekebilir miyim?	**Can I take pictures?** /ken ay teyk 'pikçız/
Müze pazar günleri açık mıdır?	**Is the museum open on Sundays?** /iz **dı** myu:'zıım 'oupın **on** 'sandiz/
Giriş ne kadardır?	**How much does it cost to go in?** /hau maç daz it k**o**st tu gou in/
Giriş neredEdir?	**Where's the entrance?** /weız **di** 'entrıns/
Ne zaman kapanır?	**What time does it close?** /w**o**t taym daz it klouz/
Bu orijinal mi yoksa bir kopya mı?	**Is this an original or a copy?** /iz **d**is ın ı'ricınıl **o: ı** 'k**o**pi/
Bu resim kimin? (Kimin eseri)?	**Who is this painting by?** /hu: iz **d**is 'peynting bay/

Türkçe bilen bir rehber var mı?	**Is there a guide who speaks Turkish?** /iz **de**ı ı gayd hu: spi:ks 'tö:kiş/
Bu resim hangi yüzyılda yapılmış?	**What century is this painting?** /w**o**t 'sençıri iz **d**is 'peynting/

... 'in ünlü tablosu nerede?	**Where's the famous painting by ...?** /weız **d**ı 'feymıs 'peynting bay .../
Resim sergisini ne zaman gezebiliriz?	**When can we go around the picture gallery?** /wen k**e**n wi gou ı'raund **d**ı 'pikçı 'g**e**lıri/
Sergi ne zamana kadar açıktır?	**Till when is the exhibition open?** /til wen iz **d**ı eksi'bişın 'oupın/
Bir kataloğunuz var mı?	**Have you got a catalogue?** /h**e**v yu g**o**t ı 'k**e**tıl**o**g/
Bu kuleye çıkabilir miyiz?	**Can we go up this tower?** /k**e**n wi gou ap **d**is 'tauı/

Bu şehrin en büyük kilisesi midir?	**Is this the biggest church in town?** /iz **d**is **dı** bigist ç**ö:**ç in taun/
Bütün gün açık mıdır?	**Is it open all day?** /iz it 'oupın **o:**l dey/
İbadet ne zaman?	**What time is the service?** /w**o**t taym iz **dı** 'sö:vis/
Rehberi izleyiniz.	**Follow the guide.** /'f**o**lou **dı** gayd/
İki sokak gidin ve sola sapın.	**Go past two streets and turn left.** /gou pa:st tu: stri:ts **e**nd t**ö:**n left/

SÖZCÜKLER

Adliye	**court** /k**o**:t/
alışveriş merkezi	**shopping centre** /'ş**o**ping sentı/
altgeçit	**underpass** /'andıpa:s/
ana cadde	**main street** /meyn stri:t/
anıt	**monument** /'m**o**nyu:mınt/
bakanlık	**ministry** /'ministri/
banka	**bank** /benk/
bar	**bar** /ba:/
belediye binası	**town hall** /taun h**o**:l/
benzin istasyonu	**petrol station** /petrıl 'steyşın/

berber	**barber** /ba:bı/
birahane	**pub** /pab/
borsa	**stock exchange** /stok iks'çeync/
bulvar	**avenue** /'evınyu:/
büfe	**buffet** /bufey/
büyük mağaza	**department store** /di'pa:tmınt sto:/
cadde	**street** /stri:t/
cami	**mosque** /mosk/
danışma bürosu	**information office** /infı'meyşın 'ofis/
demiryolu geçidi	**train crossing** /'treyn 'krosing/
dolmuş durağı	**shared taxi-stop** /'şeıd teksi stop/
eczane	**chemist's** /'kemists/ **pharmacy** /'fa:mısi/
elçilik	**embassy** /'embısi/
elektrik santralı	**power station** /'pauı'steyşın/
fabrika	**factory** /'fektıri/
fırın	**bakery** /'beykıri/
fuar	**fair** /feı/
garaj	**garage** /'gera:j/
gece kulübü	**night club** /nayt klab/
geçit	**crossing** /'krosing/

giyim mağazası	**clothes store** /'kloudz sto:/
gökdelen	**skyscraper** /'skayskreypı/
gözlükçü	**optician** /op'tişın/
güzellik salonu	**beauty parlour** /'byu:ti pa:lı/
hamam	**Turkish bath** /'tö:kiş ba:t/
hapishane	**prison** /'prizın/
hastane	**hospital** /'hospitıl/
havalimanı	**airport** /'eıpo:t/
hayvanat bahçesi	**zoo** /zu:/
itfaiye	**fire brigade** /'fayıbri'geyd/
kafeterya	**cafeteria, café** /kefı'tiıriı, 'kefey/
kahvehane	**coffee house** /'kofi haus/
kaldırım	**pavement** /'peyvmınt/
kapalı çarşı	**covered market** /'kavıd 'ma:kit/
karakol	**police station** /pı'li:s 'steyşın/
katedral	**cathedral** /kı'ti:drıl/
kavşak	**crossing** /'krosing/
kışla	**barracks** /'berıks/
kilise	**church** /çö:ç/
kitabevi	**bookstore** /'buksto:/
konser salonu	**concert hall** /'konsıt ho:l/
konsolosluk	**consulate** /'konsyulıt/
köprü	**bridge** /bric/

kuaför	**hairdresser's** /'heıdresız/
kumarhane	**casino** /'kısi:nou/
kuru temizlemeci	**dry cleaner's** /dray 'kli:nız/
kültür merkezi	**cultural centre** /'kalçırıl sentı/
kütüphane	**library** /'laybrıri/
lokanta	**restaurant** /'restront/
lunapark	**funfair** /'fanfeı/
manav	**greengrocer's** /'gri:ngrousız/
metro	**underground** /'andıgraund/ **tube** /tyu:b/
meydan, alan	**square** /'skweı/
mezarlık	**cemetery** /'semıtri/
milli park	**national park** /'neşınıl pa:k/
motel	**motel** /mou'tel/
müze	**museum** /myu:'ziım/
okul	**school** /sku:l/
otoban, otoyol	**highway, motorway** /'haywey, 'moutıwey/
otel	**hotel** /hou'tel/
otobüs terminali	**bus terminal** /bas 'tö:minıl/
otopark	**car park** /ka: pa:k/
paralı yol	**toll road** /'toul roud/
park	**park** /pa:k/
pastane	**pastry shop** /'peystri şop/

plaj	**beach** /bi:ç/
postane	**post-office** /poust 'ofis/
radyo istasyonu	**radio station** /reydiou 'steyşın/
sanat galerisi	**art gallery** /a:t 'gelıri/
saray	**palace** /'pelıs/
sauna	**sauna** /'saunı/
sergi	**exhibition** /eksi'bişın/
sinagog	**synagogue** /'sinıgog/
sinema	**cinema** /'sinımı/
sit alanı	**protected area** /prı'tektid 'eıriı/
sokak	**road** /roud/
spor kulübü	**sports club** /'spo:ts klab/
stadyum	**stadium** /'steydiım/
taksi durağı	**taxi stop** /'teksi stop/
televizyon istasyonu	**TV station** /ti:vi: 'steyşın/
trafik ışıkları	**traffic lights** /'trefik layts/
tren istasyonu	**train station** /treyn 'steyşın/
tünel	**tunnel** /'tanıl/
üniversite	**university** /yu:ni'vö:siti/
üstgeçit	**overpass** /'ouvıpa:s/
valilik	**governor's office** /'gavınız 'ofis/
vapur iskelesi	**boat station** /bout 'steyşın/
viraj	**curve, bend** /kö:v, bend/

yaya kaldırımı	**pavement** /'peyvmınt/
yol	**road** /roud/
yüzme havuzu	**swimming pool** /'swiming pu:l/

TAŞIT ARACI

Otobüsle gidebilir miyim?	**Can I go by bus?** /ken ay gou bay bas/
Otobüse binmelisiniz.	**You must take a bus.** /yu mast teyk ı bas/
İstasyona hangi otobüs gider?	**Which bus goes to the station?** /wiç bas gouz tu dı 'steyşın/
... ya bir otobüs var mı?	**Is there a bus to ...?** /iz deı ı bas tu .../
... numaralı otobüs buradan geçer mi?	**Does number ... bus pass here?** /daz 'nambı ... bas pa:s hiı/
Otobüs durağı nerededir?	**Where's the bus stop?** /weız dı bas stop/
... ya giden otobüs nerede durur?	**Where does the bus to ... stop?** /weı daz dı bas tu ... stop/
Metro ile gideceğim.	**I'll go by underground.** /ayl gou bay 'andıgraund/
... ya bir gidiş bileti, lütfen.	**A single ticket to ..., please.** /ı 'singıl 'tikit tu ... pliz/
... istasyonuna gitmek istiyorum.	**I want to go to ... station.** /ay wont tu gou tu ...'steyşın/
Kaç durak kaldı?	**How many stops is it?** /hau 'meni stops iz it/

Oraya gidince lütfen bana bildiriniz.	**Please let me know when we get there.** /pli:z let mi nou wen wi get deı/
Bundan sonraki otobüs ne zaman hareket eder?	**When does the next bus leave?** /wen daz dı nekst bas li:v/
Nerede inmeliyim?	**Where do I have to get off?** /weı du ay hev tu get of/
Üçüncü durakta inin.	**Get off at the third stop.** /get of et dı tö:d stop/
Son durakta inin.	**Get off at the last stop.** /get of et dı last stop/
Aktarma yapmam gerekiyor mu?	**Do I have to change?** /du: ay hev tu çeync/
Nerede taksi bulabilirim?	**Where can I get a taxi?** /weı ken ay get ı teksi/
Hey! Taksi!	**Hey! Taxi!** /hey 'teksi/

Boş musunuz? (Serbest misiniz)?	**Are you free?** /a: yu fri:/

Beni havaalanına götürün.	**Take me to the airport.** /teyk mi tu **dı** ‘eıp**o:**t/
Havalimanına en kısa yol hangisidir?	**What's the shortest way to the airport?** /w**o**ts **dı** ş**o:**tist wey tu **d**i ‘eıp**o:**t/
İstasyona lütfen.	**o the station, please.** /tu **dı** ‘steyşın pli:z/
Daha hızlı sürünüz, lütfen.	**Drive faster, please.** /drayv fa:stı pli:z/

Geç kaldım, lütfen acele edin.	**I am late, please hurry.** /ay **e**m leyt, pli:z hari/
Havaalanına ve çabuk olun.	**The airport and make it quick.** /**dı** ‘eıp**o:**t and meyk it kwik/
Hızlı sürünüz.	**Drive fast.** /drayv fa:st/

Yavaş gidin!	**Slow down!** /slou daun/
Bu kadar hızlı sürmeyiniz.	**Don't drive so fast.** /dount drayv sou fa:st/
Acelem var.	**I'm in a hurry.** /aym in ı 'hari/
Daha gelmedik mi?	**Haven't we arrived yet?** /hevınt wi ı'rayvd yet/
Burada durun, lütfen.	**Stop here, please.** /stop hiı pli:z/
Şu köşede durun.	**Stop at that corner.** /stop et det 'ko:nı/
Lütfen burada bekleyin.	**Please wait here.** /pli:z weyt hiı/
Lütfen burada bir dakika durur musunuz?	**Will you stop here a minute, please.** /wil yu stop hiı ı 'minit pli:z/
Borcum ne kadar?	**How much do I owe you?** /hau maç du ay ou yu/
Sigara içmemde sakınca var mı?	**Mind if I smoke?** /maynd if ay smouk/
Ellilik bozabilir misiniz?	**Do you have change for a fifty?** /du yu hev çeync fo: ı fifti/
Üstü kalsın.	**Keep the change.** /ki: p dı çeync/
Makbuz istiyorum.	**I need a receipt.** /ay ni:d ı ri'si:t/

SİNEMA, TİYATRO, KONSER

Bu akşam ne yapıyoruz?	**What are we doing this evening?** /wot a: wi duing dis 'i:vning/
Bu akşam için bir planınız var mı?	**Have you got any plans for this evening?** /hev yu got 'eni plenz fo: dis 'i:vning/
Bu akşam tiyatroya gidelim mi?	**Shall we go to the theatre this evening?** /şel wi gou tu dı 'tiıtı dis 'i:vning/
Bu akşam konsere gidelim.	**Let's go to the concert this evening.** /lets gou tu dı 'konsıt dis 'i:vning/
Sinemaya mı yoksa tiyatroya mı gitmeyi tercih edersiniz?	**Would you rather go to the theatre or the cinema?** /wud yu 'ra:dı gou tu dı 'tiıtı o: dı 'sinımı/
Bu yakınlarda bir sinema var mı?	**Is there a cinema near here?** /iz deı ı 'sinımı niı hiı/
Bugün ... sinemasında hangi film oynuyor?	**What's on at the ... tonight?** /wots on et dı ... tı'nayt/
Bu akşam ... tiyatrosunda ne oynuyor?	**What's on at the ... theatre tonight?** /wots on et dı ... 'tiıtı tı'nayt/
Temsil ne zaman başlıyor?	**What time is the show on?** /wot taym iz dı şou on/

Konser bu akşam saat kaçta başlıyor?	**What time does the concert start tonight?** /wot taym daz dı 'konsıt sta:t tı'nayt/
Biletleri nereden alabiliriz?	**Where can we get the tickets?** /weı ken wi get dı 'tikits/
Bu akşam için bilet var mı?	**Are there any tickets left for tonight?** /a: deı 'eni 'tikits left fo: tı'nayt/
Yarın için telefonla iki yer ayırtabilir miyim?	**Can I reserve two seats by phone for tomorrow?** /ken ay ri'zö:v tu: si:ts bay foun fo: tı'morou/
Tüm biletler satılmıştır.	**All tickets are sold out.** /o:l 'tikits a: sould aut/
Ortalardan bir yer istiyorum.	**I want a seat somewhere in the middle.** /ay wont ı si:t sam'weı in dı midıl/
En ucuz yerler hangileridir?	**Which are the cheapest seats?** /wiç a: dı çi:pıst si:ts/
İlk sıradan iki koltuk lütfen.	**Two seats in the first row, please.** /tu: si:ts in dı fö:st rou pli:z/
Hiç yer kalmadı.	**There are no seats left.** /deı a: nou si:ts left/
Yerler numaralı mıdır?	**Are the seats numbered?** /a: dı si:ts nambıd/
Bir yerin fiyatı ne kadar?	**What's the price of one seat?** /wots dı prays ov wan si:t/

Şapka ve pardösüleri vestiyere bırakalım.	**Let's leave the hats and overcoats in the cloakroom.** /lets li:v **dı** hets **e**nd 'ouvıkouts in **dı** 'kloukru:m/
Perde arası ne kadar sürer?	**How long is the interval?** /hau l**o**ng iz **dı** 'intıvıl/
Film ne kadar sürüyor?	**How long does the film last?** /hau l**o**ng daz **dı** film last/
Bir program, lütfen.	**A programme, please.** /**ı** 'prougr**e**m pli:z/
Harika bir film.	**It is a great film.** /it iz **ı** greyt film/

SÖZCÜKLER

piyano	**piano** /pi'enou/
alkış	**applause** /ı'plo:z/
ara, antrakt	**interval** /'intıvıl/
bale	**ballet** /'beley/
başrol	**leading part** /'li:ding roul/
besteci	**composer** /kım'pouzı/
bilet	**ticket** /'tikit/
dans	**dance** /da:ns/
dram	**drama** /'dra:mı/
gişe	**box office** /boks 'ofis/
gösteri	**performance** /pı'fo:mıns/

koltuk(lar)	**stalls** /sto:lz/
komedi	**comedy** /'komıdi/
konser	**concert** /'konsıt/
koro	**choir** /'kwayı/
melodi	**melody** /'melıdi/
mikrofon	**microphone** /'maykrıfoun/
müzik	**music** /'myu:zik/
müzikal	**musical** /'myu:zikıl/
müzisyen	**musician** /'myu:zişın/
nota	**note** /nout/
opera	**opera** /'opırı/
orkestra	**orchestra** /'o:kistrı/
orkestra şefi	**conductor** /kın'daktı/
program	**programme** /'prougrem/
rol	**part, role** /pa:t, roul/
sahne	**stage** /steyc/
seyirci	**audience** /'o:dyıns/
şarkı	**song** /song/
şarkıcı	**singer** /'singı/
aktör	**actor** /'ektı/
aktris	**actress** /'ektris/
dekor	**set, scenery** /set, 'si:nıri/
film	**film** /film/

film yıldızı	**film star** /film sta:/
gala gecesi	**opening night** /'oupıning nayt/
güldürü	**comedy** /'komıdi/
makyaj	**make up** /meyk ap/
oynayanlar	**cast** /ka:st/
oyun	**play** /pley/
perde	**curtain** /'kö:tn/
prova	**rehearsal** /ri'hö:sıl/
sinema	**cinema** /'sinımı/
temsil	**performance** /pı'fo:mıns/
tiyatro	**theatre** /'tiıtı/
vestiyer	**cloakroom** /'kloukrum/
yönetmen	**director** /di'rektı/

POSTANEDE

Postane nerededir?	**Where's the post-office?** /weız dı poust 'ofis/
...ya normal mektup ne kadar?	**How much is a regular letter to ...?** /hau maç iz ı 'regyulı 'letı tu .../
Bunu taahhütlü göndermek istiyorum.	**I want to send this registered.** /ay wont tu send dis 'recistıd/
Bu koliyi postalamak istiyorum.	**I want to post this parcel.** /ay wont tu poust dis 'pa:sıl/
Ne zaman eline ulaşır?	**When will it arrive?** /wen wil it ı'rayv/
Bu ekspres olsun.	**I need this to go express mail.** /ay ni:d dis tu gou ik'spres meyl/
Bunun için gümrük ödenecek mi?	**Do I have to pay duty on this?** /du ay hev tu pey dyu:ti on dis/
Posta kutusu kiralayabilir miyim?	**Can I rent a post office box?** /ken ay rent ı poust 'ofis boks/
Telefon kartı bulunur mu?	**Do you sell phonecards?** /du yu sel 'founka:dz/
Lütfen ... numarayı bağlar mısınız?	**Will you give me number ... please?** /wil yu giv mi 'nambı ... pli:z/
Postane ne zaman açıktır?	**When is the post-office open?** /wen iz dı poust 'ofis oupın/

İkişer peni'lik üç pul, lütfen.	**Three, two penny stamps, please.** /tri: tu: peni stemps pli:z/
Bu paketi göndermek istiyorum.	**I want to send this parcel.** /ay wont tu send dis 'pa:sıl/
Bana telefon rehberini verir misiniz?	**Will you give me the telephone directory?** /wil yu giv mi dı 'telifoun di'rektıri/
Alo, kiminle görüşüyorum?	**Hello, who is it, please.** /helou hu: iz it pli:z/
Telefon meşgul.	**The telephone is busy.** /dı 'telifoun iz bizi/
... dakika sonra arar mısınız?	**Will you please call in ten minutes?** /wil yu pli:z ko:l in ten 'minits/
Kiminle görüşmek istiyorsunuz?	**Who do you want to speak to?** /hu du yu wont tu spi:k tu/
... ile görüşmek istiyorum.	**I'd like to speak to ...** /ayd layk tu spi:k tu .../

SÖZCÜKLER

adres	**address** /ı'dres/
alıcı	**receiver** /ri'si:vı/
cep telefonu	**mobile phone** /'moubayl foun/
faks	**fax** /feks/
gönderen	**sender** /sendı/

havale	**money order** /'mani o:dı/
kargo	**cargo** /'ka:gou/
kontürlü telefon	**payphone** /'peyfoun/
mektup	**letter** /'letı/
meşgul sinyali	**busy signal** /bizi 'signıl/
ödemeli görüşme	**collect call** /kı'lekt ko:l/
paket	**parcel** /'pa:sıl/
posta	**post, mail** /poust, meyl/
posta kodu	**area code** /'eırii koud/
postane	**post-office** /poust 'ofis/
postacı	**postman, mailman** /'poustmın, 'meylmın/
santral memuru	**telephone operator** /'telifoun 'opıreytı/
taahhütlü	**registered** /'recistıd/
telefon	**telephone** /'telifoun/
telefon kartı	**phonecard** /'founka:d/
telefon jetonu	**telephone token** /'telifoun toukın/
telefon rehberi	**telephone directory** /'telifoun di'rektıri/
teleks	**telex** /'teleks/
telgraf	**telegram** /'teligrem/
uçakla	**by air mail** /bay eımeyl/

yurtdışı görüşme	**international call** /intı'neşınıl ko:l/
yurtiçi görüşme	**domestic call** /dı'mestik ko:l/
zarf	**envelope** /'enviloup/

POLİSTE

Polis karakolu nerededir?	**Where's the police station?** /weız dı pı'li:s ‘steyşın/

Pasaport dairesi nerede-dir?	**Where's the passport office?** /weız dı ‘pa:spo:t ‘ofis/
İşte pasaportum.	**Here's my pasport.** /hiız may ‘pa:spo:t/
Türkiye'den geliyorum.	**I'm coming from Turkey.** /aym ‘kaming from ‘tö:ki/
Ben yabancı işçiyim.	**I'm a foreign worker.** /aym ı ‘forın wö:kı/
Ben turistim.	**I'm a tourist.** /aym ı tu:ı'rist/
Siz Bay .... misiniz?	**Are you Mr. ...?** /a: yu ‘mistı .../

Adım .... dır.	**My name's ...** /may neymz .../
Ben ... da kalıyorum.	**I'm staying at ...** /aym 'steying et .../
Mesleğiniz nedir?	**What's your occupation?** /wots yo: okyu'peyşın/
Ne kadar kalmak niyetindesiniz?	**How long do you intend to stay?** /hau long du yu in'tend tu stey/
Vizem burada.	**Here's my visa.** /hiız may 'vi:zı/
Burada iki (üç, dört ....) ay kalacağım.	**I'll stay here for two (three, four ...) months.** /ayl stey hiı fo: tu: (tri: fo: ...) mants/
Oturma iznimi uzatmak istiyorum.	**I want to extend my residence permit.** /ay wont tu ik'stend may 'rezidıns 'pö:mit/
Pasaportumu geri alabilir miyim?	**Can I get my passport back?** /ken ay get may 'pa:spo:t bek/
Benim ....ım çalındı.	**My ... was stolen.** /may ... woz 'stoulın/
Hırsızı görmedim.	**I haven't seen the thief.** /ay 'hevınt si:n dı ti:f/
Arabam kayıp.	**My car is missing.** /may ka: iz 'mising/
Soyuldum.	**I have been robbed.** /ay hev bin robd/

Bu adam para cüzdanımı çalmak istedi.	**This man tried to steal my wallet.** /dis men trayd tu sti:l may 'wolit/
Bu adam bana küfretti.	**This man has sworn at me.** /dis men hez swo:n et mi/
Bir şikâyetim var.	**I have a complaint.** /ay hev ı kım'pleynt/
Ben suçsuzum.	**I'm innocent.** /aym 'inısınt/
Onu ben yapmadım.	**I didn't do that.** /ay 'didınt du det/
Olayla (onunla) ilgim yok.	**I have nothing to do with it (the affair).** /ay hev 'nating tu du: wid it (di ı'feı)/
... Elçiliğini aramak istiyorum.	**I want to call the ... Embassy.** /ay wont tu ko:l dı ... 'embısi/
Bir tercüman istiyorum.	**I want an interpreter.** /ay wont ın intö:'pritı/
Yardımınıza ihtiyacım var.	**I need your help.** /ay ni:d yo: help/

BANKADA

Buralarda nerede banka var?	**Where is there a bank around here?** /weız **deı ı** b**e**nk ı'raund hiı/
En yakın banka nerede?	**Where is the nearest bank?** /weı iz **dı** 'niırist b**e**nk/
Buralarda ... Bankası var mı?	**Is there a ... Bank near here?** /iz **deı ı** ... b**e**nk niı hiı/
Banka ne zaman açıktır (kapalıdır)?	**When is the bank open (closed)?** /wen iz **dı** b**e**nk 'oupın (klouzd)/
Vezne nerede?	**Where's the cashier's office?** /weız **dı** ke'şiız '**o**fis/
Adım ... ...'den para bekliyorum.	**My name's ... I am expecting money from ...** /may neymz ... ay **e**m ik'spekting 'mani fr**o**m .../
Bir hesap açtırmak istiyorum.	**I want to open an account.** /ay w**o**nt tu 'oupın ın ı'kaunt/
Lütfen şu kâğıdı imzalayın.	**Please sign this paper.** /pli:z sayn **d**is 'peypı/
Kimliğiniz var mı?	**Have you got any identification?** /h**e**v yu g**o**t 'eni ay'dentifikeyşın/

Sürücü belgem var. Bu olur mu?	**I've got my driving licence. Will that be all right?** /ayv got may 'drayving 'laysıns wil det bi o:l rayt/
Başka bir şey yapmam gerekir mi?	**Do I need to do anything else?** /du ay ni:d tu du 'eniting els/
Döviz bozdurmak istiyorum.	**I want to change money.** /ay wont tu çeync mani/
Kur (para değiştirme değeri) ne kadar?	**What's the exchange rate?** /wots di iks'çeync reyt/
Bana ... TL'sına karşılık paund verebilir misiniz?	**Can you give me pounds for ... liras?** /ken yu giv mi paunds fo: ... li:raz/
... TL'sına karşılık kaç paund alabilirim?	**How many pounds do I get for ... liras?** /hau 'meni paundz du ay get fo: ... li:raz/
Bu çeki paraya çevirmek istiyorum.	**I want to cash this cheque.** /ay wont tu keş dis çek/
Bir hesap açtırmak istiyorum.	**I want to open an account.** /ay wont tu 'oupın ın ı'kaunt/
Bir miktar para yatırmak istiyorum.	**I want to deposit some money.** /ay wont tu di'pozit sam mani/
Bir miktar para çekmek istiyorum.	**I want to draw out some money.** /ay wont tu dro: aut sam mani/
20 paund çekmek istiyorum.	**I want to withdraw 20 pounds.** /ay wont tu widdro: 'twenti paundz/

50 paund yatırmak istiyorum.	**I want to deposit 50 pounds.** /ay wont tu di'pozit 'fifti paundz/
Para göndermek istiyorum.	**I want to send money.** /ay wont tu send mani/
Türkiye'ye 60 pound göndermek istiyorum.	**I want to send 60 pounds to Turkey.** /ay wont tu send 'siksti paundz tu 'tö:ki/
Benim için para geldi mi?	**Has any money come for me?** /hez 'eni mani kam fo: mi/
Burada hangi bankaların şubeleri var?	**What banks have branches here?** /wot benks hev bra:nçiz hiı/
Kredi kartı borcumu yatırmak istiyorum.	**I want to pay my credit card debt.** /ay wont tu pey may 'kredit ka:d det/
Cep telefonu faturası ödenebilir mi?	**Can I pay my mobile phone bill here?** /ken ay pey may 'moubayl foun bil hiı/
Matbu bir form doldurmam gerekiyor mu?	**Must I fill a printed form?** /mast ay fil ı printid fo:m/
Bana bir makbuz veriniz, lütfen.	**Give me a receipt, please.** /giv mi ı ri'si:t pli:z/
Ne kadar faiz veriyorsunuz?	**How much interest do you give?** /hau maç 'intrist du yu giv/

SÖZCÜKLER

alıcı	**receiver** /ri'si:vı/
banka	**bank** /benk/
banka hesabı	**bank account** /benk ı'kaunt/
bozuk para	**change** /çeync/
çek	**cheque** /çek/
değer	**value** /'velyu/
dolar	**dollar** /dolı/
döviz	**foreign exchange** /'forın iks'çeync/
faiz	**interest** /'intrist/
göndermek	**to send** /tu send/
havale	**money order** /mani 'o:dı/
havale etmek	**to transfer** /tu trens'fö:/
imza	**signature** /'signıçı/
kambiyo	**exchange** /iks'çeync/
kâğıt para	**bill, banknote** /bil, 'benknout/
makbuz, alındı	**receipt** /ri'si:t/
mark	**mark** /ma:k/
miktar	**amount** /ı'maunt/
ödeme	**payment** /peymınt/
ödemek	**to pay** /tu pey/
para	**money** /mani/

paund, sterlin	**pound** /paund/
peşin ödeme, nakit	**cash** /keş/
peşin para	**cash money** /keş mani/
rayiç, kur	**rate** /reyt/
yatırmak	**to deposit** /tu di'pozit/

LOKANTADA

İyi bir lokanta biliyor musunuz?	**Do you know a good restaurant?** /du yu nou ı gud 'restıron /
İyi bir balık (et) lokantası biliyor musunuz?	**Do you know a good fish (meat) restaurant?** /du yu nou ı gud fiş (mi:t) 'restıron /
Buraya yakın bir lokanta var mıdır?	**Is there a restaurant near here?** /iz deı ı 'restıron niı hiı/
Bu akşam için 4 kişilik rezervasyon istiyorum.	**I want to make a table reservation for four people for onight.** /ay wont tu meyk ı 'teybıl rezı'veyşın fo: fo: pi:pıl fo: ı'nayt/
İyi akşamlar, rezervasyonumuz vardı.	**Good evening, we have a reservation.** /gud 'i:vning wi hev ı rezı'veyşın/
Bu pahalı bir lokanta mıdır?	**Is this an expensive restaurant?** /iz dis ın ik'spensiv 'restıron/
Garson!	**Waiter!** /'weytı/
Buraya kim bakıyor?	**Who's serving here?** /hu:z sö:ving hiı/
Boş masanız var mı?	**Is there a table free?** /iz deı ı 'teybıl fri:/

Beni takip edin, lütfen.	**Follow me, please.** /folou mi pli:z/
Nerede oturmak istersiniz?	**Where would you like to sit?** /weı wud yu layk tu sit/
Pencere kenarında bir masa rica ediyorum.	**I'd like a table near the window.** /ayd layk ı 'teybıl niı dı 'windou/
Affedersiniz, bu masa boş mudur?	**Excuse me, is this table free?** /ik'skyu:z mi iz dis 'teybıl fri:/
Üç kişilik bir masa istiyorum, lütfen.	**I want a table for three, please.** /ay wont ı 'teybıl fo: tri: pli:z/
Kaç kişisiniz?	**How many in your party?** /hau 'meni in yo: pa:ti/
Yanınıza birisi gelecek mi?	**Will someone be joining you?** /wil 'samwan bi 'coyning yu/
Sigara içilen yerde mi içilmeyende mi?	**Smoking or nonsmoking?** /'smouking o: non'smouking/
Ne tavsiye edersiniz?	**What would you recommend?** /wot wud yu rekı'mend/
Hangi şarabı tavsiye edersiniz?	**What wine do you recommend?** /wot wayn wud yu rekı'mend/
Lütfen bize bunu getiriniz.	**Bring us this, please.** **/bring as dis pli:z/**
Yemek listesi, lütfen.	**The menu, please.** /dı 'menyu: pli:z/
Ne alırdınız?	**What would you like?** /wot wud yu: layk/

Ne yemek isterdiniz?	**What would you like to eat?** /wot wud yu layk tu i:t/
Sizde ... bulunur mu?	**Have you got ...?** /hev yu got .../
... rica ediyorum.	**I'd like ....** /ayd layk .../
Özür dilerim, ... kalmadı.	**I'm sorry, there isn't ... left.** /aym 'sori deı izınt ... left/
Patates tava istiyorum.	**I want french fries.** /ay wont frenç frayz/
Bize iki şişe de bira getiriniz.	**Bring us two bottles of beer, too.** /bring as tu: 'botılz ov biı tu:/
Biraz daha ekmek, lütfen.	**Some more bread, please.** /sım mo: bred pli:z/
Lütfen bana başka bir çatal getiriniz.	**Please bring me another fork.** /pli:z bring mi ı'nadı fo:k/
Ne içmek isterdiniz?	**What would you like to drink?** /wot wud yu lay tu drink/
Et yemeklerinizden neler var?	**What meat dishes do you have?** /wot mi:t dişiz du yu hev/
Bana önce bir şehriye çorbası getiriniz.	**Bring me some noodle soup, first.** /bring mi sam nu:dıl su:p fö:st/
Soğuk bir şey istiyorum.	**I want something cold.** /ay wont 'samting kould/
Bize karışık ızgara getirin.	**Bring us mixed grill.** /bring as mikst gril/

Kuzu pirzolası ve yeşil salata istiyorum.	**I'd like lamb chops and green salad.** /ayd layk lem çops ınd gri:n 'selıd/
Benim siparişim nerede? (Neden gecikti)?	**Where's my order?** /weız may o:dı/
İki fincan kahve, lütfen.	**Two cups of coffee, please.** /tu kaps ov 'kofi pli:z/
İçecek bir şeyler istiyorum.	**I want something to drink.** /ay wont 'samting tu drink/
Lütfen bana biraz tuz getiriniz.	**Please get me some salt.** /pli:z get mi sam so:lt/
Şarap alır mıydınız?	**Would you like some wine?** /wud yu layk sım wayn/
Salata alır mısınız?	**Would you like to have a salad?** /wud yu layk tu hev ı 'selıd/
Bu yemeğin adı ne?	**What's this dish called?** /wots dis diş ko:ld/
Biraz daha ... alır mıydınız?	**Would you like some more ...?** /wud yu layk sım mo: .../
Evet, lütfen.	**Yes, please.** /yes pli:z/
Azıcık daha lütfen.	**Just a little more, please.** /cast ı litıl mo: pli:z/
Bu yeter, sağ olun.	**That's enough, thank you.** /dets i'naf 'tenk yu/
Lütfen bunu geri götürün.	**Please take this back.** /pli:z teyk dis bek/

Ama biz bunu istememiş-tik ki.	**But we didn't ask for this.** /bat wi 'didınt a:sk fo: dis/
... eksik.	**... is missing.** /... iz 'mising/
Hayır, teşekkür ederim. Yeterince aldım.	**No, thank you. I've had enough.** /nou tenk yu ayv hed inaf/
... yu uzatabilir misiniz, lütfen?	**Would you pass the ..., please?** /wud yu pa:s dı ... pli:z/
Sıhhatinize! (Kadeh kaldı-rırken)	**To your health!** /tu yo: helt/
Şerefe!	**Cheers!** /çiız/

Buyrun. (Yemeğe başlar-ken)	**Help yourself.** /help yı'self/
Başka bir emriniz var mıy-dı?	**Would you like anything else?** /wud yu layk 'eniting els/
Yemeğinizi beğendiniz mi?	**Are you enjoying your meal?** /a: yu in'coying yo: mi:l/

Afiyet olsun.	**Enjoy your meal.** /in'coy yo: mi:l/
Kahvenizi nasıl alırdınız?	**How would you like your coffee?** /hau wud yu layk yo: 'kofi/
Garson! Hesap, lütfen.	**Waiter! The bill, please.** /weytı dı bil pli:z/
Hepsini birlikte hesaplayın.	**Put it all in one bill.** /put it o:l in wan bil/
Hesapları ayrı yapın, lütfen.	**Separate bills, please.** /'sepırit bilz pli:z/
Sanırım hesap yanlış.	**I think the bill is wrong.** /ay tink dı bil iz 'rong/
Kredi kartıyla ödemek istiyorum.	**I'd like to pay by credit card.** /ayd layk tu pey bay 'kredit ka:d/
Ellerimi nerede yıkayabilirim?	**Where can I wash my hands?** /weı ken ay woş may hendz/
Üstü kalsın. (Bahşiş olarak).	**Keep the change.** /ki:p dı çeync/
Teşekkür ederim.	**Thank you.** /'tenk yu/
Güle güle, efendim.	**Goodbye, sir (madam).** /gudbay sö: ('medım)/
Yine bekleriz.	**We hope to see you again.** /wi houp tu si: yu ı'gen/

YEMEK LİSTESİ

ÇORBALAR

çorba	**soup** /su:p/
domates çorbası	**tomato soup** /tı'ma:tou su:p/
işkembe çorbası	**tripe soup** /'trayp su:p/
mantar çorbası	**mushroom soup** /'maşrum su:p/
mercimek çorbası	**lentil soup** /'lentıl su:p/
pirinç çorbası	**rice soup** /rays su:p/
sebze çorbası	**vegetable soup** /'vectıbıl su:p/
tavuk çorbası	**chicken soup** /'çikın su:p/
yayla çorbası	**highland soup** /'haylend su:p/

SALATALAR

salata sosu	**salad dressing** /'selıd dresing/
yeşil salata	**green salad** /'gri:n 'selıd/
çoban salatası	**shepherd's salad** /'şepıdz 'selıd/
Rus salatası	**Russian salad** /'raşın 'selıd/
beyin salatası	**brain salad** /'breyn 'selıd/
domates salatası	**tomato salad** /tı'ma:tou 'selıd/
patates salatası	**potato salad** /pı'teytou 'selıd/
havuç salatası	**carrot salad** /'kerıt 'selıd/

MEZELER

meze(ler)	**hors d'ouvre(s)** /o:'dö:v(z)/
kaşar peynir	**cheese** /çi:z/
beyaz peynir	**white cheese** /wayt çi:z/
zeytin	**olives** /'olivz/
salam	**salami** /sı'la:mi/
sucuk	**Turkish salami** /'tö:kiş sı'la:mi/
pastırma	**pastrami** /'pıstra:mi/
sosis	**hot dog, sausage** /hot dog, 'sosic/
patates tava	**french fries** /frenç frayz/
midye tava	**fried mussels** /frayd 'masılz/
midye dolma	**stuffed mussels** /staft 'masılz/
ciğer	**liver** /'livı/
turşu	**pickles** /'pikılz/
yoğurt	**yoghurt** /'yogıt/
barbunya pilaki	**red bean salad** /red bi:n 'selıd/
fasulye pilaki	**bean salad** /bi:n 'selıd/

ETLİLER

bonfile	**fillet of beef** /'filit ov bi:f/
kuzu pirzola	**lamb chops** /lem çops/
dana pirzola	**veal cutlets** /'vi:l 'katlıts/
karışık ızgara	**mixed grill** /mikst gril/

biftek	**steak** /steyk/
kuzu çevirme	**roastlamb** /'roustlem/
ızgara köfte	**grilled meatballs** /'grild 'mi:tbolz/
piliç kızartma	**roast chicken** /'roust 'çikin/

HAMUR İŞLERİ

börek	**Turkish pastry** /'tö:kiş 'peystri/
spagetti	**spaghetti** /spı'geti/
makarna	**macaroni** /mekı'rouni/
pilav	**rice pilaff** /rays pilef/
pizza	**pizza** /'pitsı/
bulgur pilavı	**cracked rice pilaf** /krekd rays pilef/

SEBZELER

bakla	**broad beans** /broud bi:nz/
bezelye	**peas** /pi:z/
biber	**pepper** /pepı/
enginar	**artichoke** /'a:tiçouk/
fasulye	**beans** /bi:nz/
ıspanak	**spinach** /spinic/
karnabahar	**cauliflower** /'koliflauı/
lahana	**cabbage** /'kebic/
patates	**potato** /'pıteytou/

patlıcan	**eggplant** /'egplent/ **aubergine** /'oubıci:n/
pırasa	**leek** /li:k/

BALIKLAR, DENİZ ÜRÜNLERİ

ahtapot	**octopus** /'oktıpıs/
alabalık	**trout** /traut/
dilbalığı	**sole** /soul/
hamsi	**anchovy** /'ençıvi/
istavrit	**small mackerel** /smo:l 'mekrıl/
kalamar	**squid** /'skwid/
kalkan	**turbot** /'tö:bıt/
karides	**shrimp** /'şrimp/
kerevit	**prawn** /pro:n/
kılıç	**swordfish** /'so:dfiş/
ıstakoz	**lobster** /'lobstı/
levrek	**bass** /bes/
lüfer	**blue fish** /blu: fiş/
mezgit	**haddock** /'hedık/
midye	**mussel** /'masıl/
palamut	**bonito** /bı'ni:tou/
sardalye	**sardine** /'sa:di:n/
ton	**tunny** /tani/
uskumru	**mackerel** /'mekrıl/

somon	**salmon** /semın/

TATLILAR

krem karamel	**cream caramel** /kri:m 'kerımıl/
sütlaç	**rice pudding** /rays 'puding/
muhallebi	**pudding** /'puding/
turta	**pie** /pay/
pasta	**cake** /keyk/
meyve salatası	**fruit salad** /fru:t selıd/
dondurma	**ice cream** /ays'kri:m/
kek	**cake** /keyk/

MEYVELER

armut	**pear** /peı/
çilek	**strawberry** /stro:bri/
elma	**apple** /epıl/
erik	**plum** /plam/
incir	**fig** /fig/
karpuz	**water melon** /'wo:tı melın/
kavun	**melon** /melın/
kayısı	**apricot** /'eyprikot/
kiraz	**cherry** /çeri/
mandalina	**tangerine** /tencı'ri:n/
muz	**banana** /bı'na:nı/
portakal	**orange** /'orinc/

şeftali	**peach** /pi:ç/
üzüm	**grapes** /greyps/

İÇECEKLER

bira	**beer** /bıı/
cin	**gin** /cin/
şarap	**wine** /wayn/
votka	**vodka** /'vodkı/
gazoz	**pop** /pop/
kola	**coke** /'kouk/
limonata	**lemonade** /'lemıneyd/
madensuyu	**mineral water** /'minırıl 'wo:tı/
meşrubat	**soft drink** /soft drink/
meyve suyu	**fruit juice** /fru:t cu:s/
su	**water** /'wo:tı/
çay	**tea** /ti:/
kahve	**coffee** /'kofi/
neskafe	**instant coffee** /'instınt 'kofi/

BAHARATLAR, OTLAR

acı biber	**hot pepper** /hot 'pepı/
baharat	**spice** /spays/
biber	**pepper** /'pepı/
hardal	**mustard** /'mastıd/
karabiber	**black pepper** /'blek 'pepı/

kekik	**thyme** /taym/
kırmızıbiber	**red pepper** /red 'pepı/
kimyon	**cummin** /'kamin/
nane	**mint** /mint/
sarmısak	**garlic** /'ga:lik/
tuz	**salt** /so:lt/

YEMEK PİŞİRME BİÇİMLERİ

buğulama	**steamed** /sti:md/
çevirme	**spit roasted** /spit 'roustid/
çiğ	**raw** /ro:/
dolma	**stuffed** /'staft/
fırında	**roasted** /'roustid/
füme	**smoked** /'smoukt/
haşlama	**boiled, stewed** /'boyld, styu:d/
ızgara	**grilled, broiled** /grild, broyld/
kızartma	**fried** /'frayd/
salamura	**marinated** /mı'ri:nıtid/
tandır	**roasted in an oven** /'roustid in ın ovn/
zeytinyağlı	**in olive oil** /in oliv oyl/

KAFEDE, PASTANEDE

Siparişinizi alabilir miyim?	**Can I take your order?** /ken ay teyk yo: o:dı/
Bir çay lütfen.	**One tea, please.** /wan ti: pli:z/
Kahve lütfen.	**I'd like some coffee.** /ayd layk sam 'kofi/
Espresso istiyorum.	**I'd like an espresso.** /ayd layk en e'spresou/
Bir Türk kahvesi lütfen.	**One Turkish coffee, please.** /wan 'tö:kiş kofi pli:z/
Kahveniz nasıl olsun?	**How would you like your coffee?** /hau wud yu layk yo: kofi/
Süt ve şeker de ister misiniz?	**Would you like milk and sugar?** /wud yu layk milk end 'şugı/
Az şekerli	**With a little sugar** /wid ı 'litıl 'şu:gı/
Çok şekerli	**With lots of sugar** /wid lots ov 'şu:gı/
Sade kahve	**Black coffee** /blek 'kofi/
Kremalı kahve	**Coffee with cream** /'kofi wid kri:m/

Sade kahve	**Black coffee** /blek 'kofi/
Çikolatalı pasta istiyorum.	**I'd like a chocolate cake.** /ayd layk ı 'çoklit keyk/
Meyveli bir kek istiyorum.	**I'd like a fruit cake.** /ayd layk ı fru:t keyk/
Bir ... lı sandviç, lütfen.	**One ... sandwich, please.** /wan ... 'senwic pli:z/

KİTAPÇIDA

Buralarda büyük bir kitabevi var mı?	**Is there a big bookshop near here?** /iz deı ı big 'bukşop niı hiı/
Romanlarınız ne tarafta?	**Where are the novels?** /weı a: dı 'novılz/
İngilizce kitaplar nerede?	**Where are the English books?** /weı a: dı 'ingliş buks/
İngilizce (Almanca) gazete bulunur mu?	**Do you sell English (German ...) newspapers?** /du yu sel 'ingliş ('cö:mın ...) nyu:zpeypız/
Londra'yı tanıtan kılavuzunuz var mı?	**Do you have a London city guide?** /du yu hev ı 'landın siti gayd/
Bir adet Türkiye haritası istiyorum.	**I'd like a map of Turkey.** /ayd layk ı mep ov tö:ki/
İstanbul şehir planı var mı?	**Do you have a map of Istanbul?** /du yu hev ı mep ov istanbul/
Sizde ... CD'si bulunur mu?	**Do you sell ... CD?** /du yu sel ... si:di/
İstanbul'u tanıtan CD bulunur mu?	**Do you have a guide for Istanbul on CD?** /du yu hev ı gayd fo: istanbul on si:di:/

İngilizce öğreten CDleriniz var mı?	**Do you have a CD teaching English?** /du yu h**e**v **ı** si:di: ti :çing ingliş/
...'nın müzik kaseti var mı?	**Do you have a music cassette of ...?** /du yu h**e**v **ı** 'myu:zik kı'set **o**v .../
Yeni kasetler bulunur mu?	**Do you have the latest cassettes?** /du yu h**e**v **dı** 'leytist kı'sets/
... istiyorum.	**I want ...** /ay w**o**nt .../

BİLGİSAYAR

Yeni model bilgisayarlarınız var mı?	**Do you have the latest computers?** /du yu hev dı 'leytist kım'pyu:tız/
İkinci el bilgisayar satıyor musunuz?	**Do you sell second-hand computers?** /du yu sel 'sekınd-hend kım'pyu:tız/
Bilgisayarım arızalandı, bakabilir misiniz?	**My computer is out of order, can you repair it?** /my kım'pyu:tı iz aut ov 'o:dı ken yu ri'peı it/
Ekran satıyor musunuz?	**Do you sell monitors?** /du yu sel 'monitız/
CD sürücüsü satıyor musunuz?	**Do you sell CD players?** /du yu sel si:'di:pleyız/
Bu bilgisayarın harddiskini değiştirmek istiyorum.	**I want to replace the hard disk of this computer.** /ay wont tu ri'pleys dı ha:d disk ov dis kım'pyu:tı/
Klavyem bozuk.	**My keyboard is out of order.** /may 'ki:bo:d iz aut ov 'o:dı/
Şu bilgisayarı bir kontrol eder misiniz?	**Will you check this computer?** /wil yu çek dis kım'pyu:tı/
Daha üst modelleriniz var mı?	**Do you have an upgrade version?** /du yu hev en 'apgreyd 'vö:şın/

INTERNET

Buralarda internet kafe var mı?	**Is there an internet café near here?** /iz deı en 'intınet 'kefey niı hiı/
İnternet erişim paketi satıyor musunuz?	**Do you sell internet access software?** /du yu sel 'intınet 'ekses 'softweı/
3 aylık sınırsız internet bağlantısı istiyorum.	**I want an unlimited internet access for three months.** /ay wont en an'limitid 'intınet 'ekses fo: tri: mants/
Buradan internete bağlanabilir miyim?	**Can I be connected to the internet here?** /ken ı bi kı'nektid tu dı 'intınet hiı/
Müsaade ederseniz maillerime bakabilir miyim?	**Will you please let me check my emails?** /wil yu pli:z let mi çek may 'i:meylz/
1 saatliğine internete girmek istiyorum.	**I want to use the internet for one hour.** /ay wont tu yu:z dı 'intınet fo: wan auı/
Yardımcı olabilir misiniz?	**Can you help me?** /ken yu help mi/
Q Klavye (F Klavye) var mı?	**Do you have a Q-keyboard (F-keyboard)?** /du yu hev ı kyu: 'ki:bo:d (ef 'ki:bo:d)/

Maillerimi okumama yardımcı olur musunuz?	**Will you help me read my emails?** /wil yu help mi ri:d may 'i:meylz/
...'nın internet adresini biliyor musunuz?	**Do you know the internet address of ...?** /du yu nou **dı** 'intınet ı'dres **o**v .../
Kitapçı adreslerini internetten nasıl bulabilirim?	**How can I find the bookshop addresses on the internet?** /hau k**e**n ay faynd **dı** 'bukş**o**p ı'dresiz **o**n **dı** 'intınet/
1 saat internete bağlanmak kaç para?	**How much is the internet connection for one hour?** /hau maç iz **dı** 'intınet kı'nekşın f**o:** wan auı/
Benim işim bitti.	**I have finished.** /ay h**e**v 'finişt/
Borcum ne kadar?	**How much do I owe you?** /hau maç du ay ou yu/

MARKETTE

Bir kilo biftek lütfen.	**One kilo of steak, please.** /wan 'ki:lou **o**v steyk pli:z/
Bir kilo ... istiyorum.	**I want a kilo of ...** /ay w**o**nt **ı** 'kilou **o**v .../
Keser misiniz, lütfen?	**Can you cut it, please?** /k**e**n yu kat it pli:z/
Eti beş parçaya bölün lütfen.	**Cut the meat into five pieces, please.** /kat **dı** mi:t intu fayv pi:siz pli:z/
Bir tavuk istiyorum.	**I'd like a chicken.** /ayd layk **ı** çikin/
Etleriniz taze mi?	**Is the meat fresh?** /iz **dı** mi:t freş/
Sizde .... bulunur mu?	**Have you got ...?** /h**e**v yu g**o**t .../
... istiyorum.	**I'd like ...** /ayd layk .../
Taze ekmek bulunur mu?	**Do you have fresh bread?** /du yu h**e**v freş bred/
İki şişe süt istiyorum.	**I want two bottles of milk.** /ay w**o**nt tu: 'b**o**tılz **o**v milk/
Konserve reyonu ne tarafta?	**Where are the canned foods?** /we**ı** a: **dı** k**e**nd fu:dz/
Dondurulmuş ürünler bulunur mu?	**Do you sell frozen foods?** /du yu sel 'frouzın fu:dz/

İş arama
Meslekler
İşyerinde
Büroda

Bölüm 5
İş

İŞ ARAMA

Müdürle görüşmek istiyorum.	**I want to speak to the manager.** /ay wont tu spi:k tu dı 'menicı/
Lütfen geldiğimi söyler misiniz?	**Will you please tell him I've come?** /wil yu pli:z tel him ayv kam/
İşte tavsiye mektubum.	**Here's my letter of recommendation.** /hiız may 'letı ov rekı'mendeyşın/
Buyrun, CV'im.	**Here is my CV.** /hiı iz may si:vi:/
Büro ne zaman açılır?	**What time does the office open?** /wot taym daz dı 'ofis oupın/
Kime başvurayım?	**Who shall I ask for?** /hu: şel ay a:sk fo:/
Çalışma izniniz var mı?	**Have you got a work permit?** /hev yu got ı wö:k pö:mit/
Randevunuz var mı?	**Have you got an appointment?** /hev yu got ın ı'poynmınt/
Ben müdürün sekreteriyim.	**I'm the manager's secretary.** /aym dı 'menicız 'sekrıtıri/
Sizi bekliyor mu?	**Is he (she) expecting you?** /iz hi (şi:) ik'spekting yu/

Yabancı işçileriniz var mı?	**Have you any foreign workers?** /hev yu 'eni 'forin wö:kız/
Cumartesi günleri çalışır mısınız?	**Do you work on Saturdays?** /du yu wö:k on 'setıdiz/
Çok iyi İngilizce konuşamam.	**I can't speak English very well.** /ay ka:nt spi:k 'ingliş 'veri wel/
İlkokulu bitirdim.	**I have finished primary school.** /ay hev 'finişt 'praymıri sku:l/
Sanat okulunu bitirdim.	**I have finished technical school.** /ay hev 'finişt 'teknikıl sku:l/
Ortaokulu bitirdim.	**I have finished junior high school.** /ay hev 'finişt 'ciu:nii hay sku:l/
Liseyi bitirdim.	**I have finished high school.** /ay hev 'finişt hay sku:l/
... Üniversitesi mezunuyum.	**I am a graduate of ... University.** /ay em ı 'gredyuit ov ... yu:ni'vö:siti/
3 yıldır bu alanda deneyimliyim.	**I have been experienced in this field for 3 years.** /ay hev bi:n ik'spiıriınst in dis fi:ld fo: tri: yiız/
Aynı işi uzun yıllar yaptım.	**I have been doing the same job for many years.** /ay hev bi: du:ing dı seym cob fo: 'meni yiız/

Bu alanda bana güvenebilirsiniz.	**You can trust me in this field.** /yu ken trast mi in dis fi:ld/
Bu işi başaracağıma eminim.	**I am sure I will do well in this job.** /ay em şuı ay wil du wel in dis cob/
İşte diplomam.	**Here's my diploma.** /hiız may dip'loumı/
Bir yıldır burada çalışıyorum.	**I have been working here for one year.** /ay hev bi:n wö:king hiı fo: wan yiı/
Burada iki yıl çalışacağım.	**I'm going to work here for two years.** /aym 'gouing tu wö:k hiı fo: tu: yiız/
Türkiye'deyken marangozdum.	**I was a carpenter in Turkey.** /ay woz ı 'ka:pintı in 'tö:ki/
Bu şartlar altında çalışamam.	**I can't work on these terms.** /ay ka:nt wö:k on di:z tö:mz/
Usta (kalifiye) bir işçiyim.	**I'm a skilled worker.** /aym ı skild wö:kı/
Garsonum.	**I'm a waiter.** /aym ı 'weytı/
Elektrikçiyim.	**I'm an electrician.** /aym ın i'lektrişın/
İnşaat işçisiyim.	**I'm a building labourer.** /aym ı 'bilding 'leybırı/

Bonservisiniz var mı?	**Have you got any references?** /hev yu got 'eni 'refrınsiz/
İşbaşı saat kaçtadır?	**What time does work start?** /wot taym daz wö:k sta:t/
İş saat sekizde başlar.	**Work starts at eight o'clock.** /wö:k sta:ts et eyt ı'klok/
Ben işsizim.	**I have no work.** /ay hev nou wö:k/
Şu anda çalışmıyorum.	**I don't work at the moment.** /ay dount wö:k et dı 'moumınt/
Ben bir fabrika işçisiyim.	**I'm a factory worker.** /aym ı 'fektıri wö:kı/

MESLEKLER

ahçı	**cook** /kuk/
aktör	**actor** /'ektı/
aktris	**actress** /'ektris/
arkeolog	**archaeologist** /a:ki'olıcist/
asker	**soldier** /'soulcı/
avukat	**lawyer** /'lo:yı/
bakkal	**grocer** /'grousı/
balıkçı	**fisherman** /'fişımın/
bankacı	**bank official** /benk ı'fişıl/
barmen	**barman** /'ba:mın/
barmeyd	**barmaid** /ba:meyd/

berber	**barber** /'ba:bı/
bilgisayar operatörü	**computer operator** /'kımpyu:tı 'opıreytı/
bilim adamı	**scientist** /'sayıntist/
boyacı	**house painter** /haus 'peyntı/
camcı	**glazier** /'gleyziı/
cerrah	**surgeon** /'sö:cın/
çiçekçi	**florist** /'flo:rist/
çiftçi	**farmer** /'fa:mı/
çilingir	**locksmith** /'loksmit/
çoban	**shepherd** /şepıd/
dansöz, dansçı	**dancer** /da:nsı/
dekoratör	**decorator** /'dekıreytı/
denizci	**sailor** /'seylı/
disk jokey	**disc jockey** /'disk coki/
dişçi	**dentist** /'dentist/
doktor	**doctor** /'doktı/
eczacı	**chemist** /'kemist/
ekonomist	**economist** /i'konımist/
elektrikçi	**electrician** /ilek'trişın/
emekli	**retired** /ri'tayıd/
emlakçı	**real estate agent** /'riılisteyt 'ey-cınt/
ev hanımı	**housewife** /'hauswayf/

fırıncı	**baker** /'beykı/
film yıldızı	**film star** /film sta:/
fotoğrafçı	**photographer** /fı'togrıfı/
garson	**waiter** /'weytı/
gazete bayii	**newsagent** /'nyu:zeycınt/
gazeteci	**journalist** /'cö:nilist/
grafiker	**graphic designer** /'grefik di'zaynı/
gümrük memuru	**customs officer** /'kastımz 'ofisı/
hâkim	**judge** /cac/
hamal	**porter** /'po:tı/
hemşire	**nurse** /nö:s/
heykeltıraş	**sculptor** /'skalptı/
hizmetçi kadın	**housemaid** /housmeyd/
hostes	**stewardess** /styu:ı'des/
işadamı	**businessman** /'biznismın/
işçi	**worker** /'wö:kı/
itfaiyeci	**fireman** /'fayımın/
jokey	**jockey** /'coki/
kameraman	**cameraman** /'kemırımın/
kamyon şoförü	**lorry driver** /'lori 'drayvı/
kapıcı	**doorkeeper** /'do:ki:pı/
kaptan	**captain** /'keptin/

kasap	**butcher** /'buçı/
kasiyer	**cashier** /ke'şiı/
krupiye	**croupier** /'kru:piı/
kuaför	**hairdresser** /'heıdresı/
kuyumcu	**jeweller** /'cu:ılı/
kütüphaneci	**librarian** /lay'breıriın/
madenci	**miner** /'maynı/
maliyeci	**financier** /fi'nensiı/
manav	**greengrocer** /'gri:ngrousı/
manken	**model** /'modl/
marangoz	**carpenter** /'ka:pintı/
matbaacı	**printer** /'printı/
memur	**civil servant** /'sivıl sö:vınt/
mimar	**architect** /'a:kitekt/
mobilyacı	**furniture maker** /'fö:niçımeykı/
modacı	**fashion designer** /'feşın di'zaynı/
muhabir	**reporter** /ri'po:tı/
muhasebeci	**accountant** /ı'kauntınt/
müfettiş	**inspector** /in'spektı/
mühendis	**engineer** /enci'niı/
müteahhit	**builder** /bildı/
müzisyen	**musician** /myu:'zişın/
noter	**notary** /'noutıri/

öğretmen	**teacher** /'ti:çı/
papaz	**priest** /pri:st/
pilot	**pilot** /'paylıt/
polis (erkek)	**policeman** /pı'li:smın/
polis (kadın)	**policewoman** /pı'li:swumın/
politikacı	**politician** /poli'tişın/
postacı	**postman** /'poustmın/
programcı	**programmer** /'prougremı/
psikolog	**psychologist** /say'kolıcist/
reklamcı	**advertiser** /'edvıtayzı/
resepsiyoncu	**receptionist** /ri'sepşınist/
ressam	**painter** /peyntı/
saatçi	**watch repairer** /woç ri'peırı/
sanatçı	**artist** /'a:tist/
sanayici	**industrialist** /in'dastriılist/
santral görevlisi	**operator** /opıreytı/
savcı	**prosecutor** /'prosikyu:tı/
sekreter	**secretary** /'sekrıtiri/
sendikacı	**trade unionist** /'treyd 'yu:niınist/
sigortacı	**insurer** /in'şu:rı/
sistem analisti	**system analyst** /'sistım 'enılist/
spiker	**announcer** /ı'naunsı/
sporcu (bayan)	**sportswoman** /'spo:tswumın/

sporcu (erkek)	**sportsman** /'spo:tsmın/
su tesisatçısı	**plumber** /'plambı/
subay	**officer** /'ofisı/
şarkıcı	**singer** /'singı/
şoför	**driver** /'drayvı/
tamirci	**mechanic** /mi'kenik/
teknisyen	**technician** /tek'nişın/
tercüman	**interpreter** /in'tö:pritı/
terzi	**tailor** /'teylı/
tezgâhtar	**shop assistant** /şop ı'sistınt/
tüccar	**merchant** /'mö:çınt/
veteriner	**veterinary** /'vetırinıri/
veznedar	**treasurer** /'trejirı/
yayımcı	**publisher** /'pablişı/
yazar	**author** /o:tı/

İŞ YERİNDE

Ustabaşı nerede?	**Where's the foreman?** /weız dı 'fo:mın/
Makineyi durdur.	**Stop the engine.** /stop dı 'encin/
Dikkat!	**Watch out!** /woç aut/
Bu iş bana çok yeni.	**This work is quite new to me.** /dis wö:k iz kwayt nyu: tu mi/
Sizin saat ücretiniz ne kadar?	**How much do you earn an hour?** /hau maç du yu ö:n en auı/
Haftada 30 paund alırım.	**I get 30 pounds a week.** /ay get 'tö:ti paundz ı wi:k/
Avans olarak 50 paund alabilir miyim?	**Can I have an advance of 50 pounds?** /ken ay get ın ıd'va:ns ov fifti paundz/
Saat başına ne ücret verirsiniz?	**How much do you pay an hour?** /hau maç du yu pey en auı/
Öğle tatili ne kadardır?	**How long is the lunch break?** /hau long iz dı lanç breyk/
Sigara içilebilir mi?	**Can we smoke?** /ken wi smouk/
Paydos!	**Stop work!** /stop wö:k/

Özel telefon görüşmesi yapabilir miyim?	**Can I make a personal phone call?** /ken ay meyk ı 'pö:sınl foun ko:l/
Bu makine nasıl çalışır?	**How does this machine work?** /hau daz dis mı'şi:n wö:k/
Bugün fazla mesai yapmak istiyorum.	**I want to do overtime today.** /ay wont tu du 'ouvıtaym tı'dey/
Bugün fazla mesaiye kalamayacağım.	**I cannot work overtime today.** /ay kenot wö:k 'ouvıtaym tı'dey/
Bu nasıl yapılır?	**How is this done?** /hau iz dis dan/
Yemekhane nerededir?	**Where's the dining room?** /weız dı 'dayning rum/
Sigara içmek yasaktır!	**No smoking!** /nou 'smouking/
Bunun nasıl yapılacağını gösterebilir misiniz?	**Can you show me how to do this?** /ken yu şou mi hau tu du dis/
Burada cumartesi günleri çalışırlar mı?	**Do they work on Saturdays here?** /du dey wö:k on 'setıdiz hiı/
Özür dilerim, unutmuşum.	**I am sorry, I just forgot.** /ay em 'sori ay cast fı'got/
Otobüsü kaçırdım.	**I missed the bus.** /ay mist dı bas/
Dün hastaydım.	**I was ill yesterday.** /ay woz il 'yestıdey/

Kendimi iyi hissetmiyorum. Eve gitmeliyim.	**I don't feel well. I must go home.** /ay dount fi:l wel ay mast gou houm/
İş iki saat içinde bitirilecek.	**The job will be finished in two hours.** /dı cob wil bi 'finişt in tu: auız/
Özür dilerim, geciktim.	**I'm sorry, I'm late.** /aym sori aym leyt/
Maaş günü ne zaman?	**When is pay-day?** /wen iz 'peydey/

İŞYERİNDE KULLANILAN ARAÇ VE GEREÇLER

alet	**tool** /tu:l/
alet kutusu	**tool box** /tu:l 'boks/
bahçıvan beli	**spade** /speyd/
balta	**axe** /eks/
bıçak	**knife** /nayf/
boya	**paint** /peynt/
çakı	**penknife** /'pen nayf/
çapa	**hoe** /hou/
çekiç	**hammer** /'hemı/
çivi	**nail** /neyl/
demir testeresi	**hacksaw** /'hekso:/
eğe	**file** /fayl/

fırça	**brush** /braş/
halat	**rope** /roup/
havya	**soldering iron** /'soldıring ayın/
huni	**funnel** /'fanıl/
iğne	**needle** /'ni:dıl/
iplik	**thread** /tred/
kalas	**plank** /plenk/
kazma	**pickaxe** /'pikeks/
kerpeten	**pliers** /'playız/
keski	**chisel** /'çizıl/
kıl fırça	**hair brush** /heı braş/
kilit	**lock** /lok/
kriko	**jack** /cek/
kürek	**shovel** /'şavıl/
makas	**scissors** /'sizız/
makine	**machine** /mı'şi:n/
matkap	**drill** /dril/
mengene	**vice** /vays/
merdiven	**ladder** /'ledı/
örs	**anvil** /envil/
piston	**piston** /'pistın/
rende, planya	**plane** /pleyn/
somun anahtarı	**spanner** /'spenı/

tel	**wire** /'wayı/
tel fırça	**wire brush** /'wayı braş/
teneke	**tin** /tin/
testere	**saw** /so:/
tokmak	**mallet** /'melit/
tornavida	**screwdriver** /'skru:drayvı/
tutkal	**glue** /glu:/
vida	**screw** /skru:/
yay	**spring** /spring/

SAYILAR

0 sıfır	**zero** /'ziırou/
1 bir	**one** /wan/
2 iki	**two** /tu:/
3 üç	**three** /tri:/
4 dört	**four** /fo:/
5 beş	**five** /fayv/
6 altı	**six** /siks/
7 yedi	**seven** /'sevın/
8 sekiz	**eight** /eyt/
9 dokuz	**nine** /nayn/
10 on	**ten** /ten/
11 on bir	**eleven** /i'levın/

12 on iki	**twelve** /twelv/
13 on üç	**thirteen** /'tö:ti:n/
14 on dört	**fourteen** /'fo:ti:n/
15 on beş	**fifteen** /'fifti:n/
16 on altı	**sixteen** /'siksti:n/
17 on yedi	**seventeen** /'sevınti:n/
18 on sekiz	**eighteen** /'eyti:n/
19 on dokuz	**nineteen** /'naynti:n/
20 yirmi	**twenty** /'twenti/
30 otuz	**thirty** /'tö:ti/
40 kırk	**forty** /'fo:ti/
50 elli	**fifty** /'fifti/
60 altmış	**sixty** /'siksti/
70 yetmiş	**seventy** /'sevınti/
80 seksen	**eighty** /'eyti/
90 doksan	**ninety** /'naynti/
100 yüz	**one hundred** /wan 'handrıd/
500 beş yüz	**five hundred** /fayv 'handrıd/
1000 bin	**one thousand** /wan 'tauzınd/
5000 beş bin	**five thousand** /fayv 'tauzınd/
50 000 elli bin	**fifty thousand** /fifti 'tauzınd/
1 000 000 milyon	**one million** /wan 'milyın/
1 000 000 000 milyar	**one billion** /wan 'bilyın/

SIRA SAYILARI

birinci	**first** /fö:st/
ikinci	**second** /'sekınd /
üçüncü	**third** /tö:d/
dördüncü	**fourth** /fo:t/
beşinci	**fifth** /fift/
altıncı	**sixth** /sikst/
yedinci	**seventh** /'sevınt/
sekizinci	**eighth** /eytt/
dokuzuncu	**ninth** /naynt/
onuncu	**tenth** /tent/
on birinci	**eleventh** /i'levınt/
on ikinci	**twelfth** /twelft/
on üçüncü	**thirteenth** /'tö:ti:nt/
on dördüncü	**fourteenth** /'fo:ti:nt/
on beşinci	**fifteenth** /'ifti:nt/
on altıncı	**sixteenth** /'siksti:nt/
on yedinci	**seventeenth** /'sevınti:nt/
on sekizinci	**eighteenth** /'eyti:nt/
on dokuzuncu	**nineteenth** /'naynti:nt/
yirminci	**twentieth** /'twentiıt/
yirmi birinci	**twenty-first** /'twenti 'fö:st/
yirmi ikinci	**twenty-second** /'twenti 'sekınd/

yirmi üçüncü	**twenty-third** /'twenti '**tö:**d/
yirmi dördüncü	**twenty-fourth** /'twenti 'f**o:t**/
yirminci	**twentieth** /'twenti**ıt**/
otuzuncu	**thirtieth** /'t**ö:**ti**ıt**/
kırkıncı	**fortieth** /'f**o:**ti**ıt**/
ellinci	**fiftieth** /'fifti**ıt**/
altmışıncı	**sixtieth** /'siksti**ıt**/
yetmişinci	**seventieth** /'sevıntiı**t**/
sekseninci	**eightieth** /'eyti**ıt**/
doksanıncı	**ninetieth** /'naynti**ıt**/
yüzüncü	**one hundredth** /wan 'handrıd**t**/
bininci	**one thousandth** /wan '**t**auz-ındt/

BÜRODA

Bir sekretere ihtiyacımız var.	**We need a secretary.** /wi ni:d ı 'sekrıtri/
Büro aletleri kullanabilir misiniz?	**Can you use office equipment?** /ken yu yu:z 'ofis i'kwipmınt/
Tüm büro aletlerini kullanabilirim.	**I can use all office equipment.** /ay ken yu:z o:l 'ofis i'kwipmınt/
İyi bilgisayar kullanırım.	**I am good at computers.** /ay em gud et kım'pyu:tız/
Bilgisayar programcısıyım.	**I am a computer programmer.** /ay em ı kım'pyu:tı 'prougremı/
Sekreterlik okulu mezunuyum.	**I finished the secretarial college.** /ay 'finişt dı sekrı'teıriıl 'kolic/
3 yıldır sekreterlik yapıyorum.	**I have been a secretary for three years.** /ay hev bi:n ı 'sekrıtri fo: tri: yiız/
Telefon santrali kullanabilirim.	**I can use the switchboard.** /ay ken yu:z dı 'swiçbo:d/
Fotokopi makinesini kullanmasını bilmiyorum.	**I don't know how to operate a photocopier.** /ay dount nou hau tu 'opıreyt ı 'foutoukopiı/
İnternet konusunda bilgim var.	**I know about the internet.** /ay nou ı'baut dı 'intınet/

Tüm ticari yazışmaları yapabilirim.	**I can deal with all kind of business correspondence.** /ay ken di:l wid o:l kaynd ov 'biznis koris'pondıns/
Steno biliyorum.	**I can do shorthand.** /ay ken du 'şo:thend/

Çok iyi İngilizce (Almanca) konuşur ve yazarım.	**I have a good command of English (German).** /ay hev ı gud kı'ma:nd ov 'ingliş/
Niteliklerim bu iş için uygun.	**I have the right qualifications for the job.** /ay hev dı rayt kwolifi'keyşınz fo: dı cob/
Tüm bu işleri becereceğime eminim.	**I am sure I can cope with all this work.** /ay em şuı ay ken koup wid o:l dis wö:k/

Büyük mağazada
Saatçide
Fotoğrafçıda

Bölüm 6

Alışveriş

BÜYÜK MAĞAZADA

Alışverişe çıkıyorum.	**I'm going shopping.** /aym 'gouing 'ş**o**ping/
.... nerede bulunur?	**Where is there a ...?** /weı iz **d**eı ı .../
Yardımcı olur musunuz?	**Can you help me?** /k**e**n yu help mi/
.... var mı?	**Is there a ...?** /iz **d**eı ı .../
Yardımcı olabilir miyim?	**Can I help you?** /k**e**n ay help yu/
Bana .... gösterebilir misiniz?	**Can you show me ...?** /k**e**n yu şou: mi .../
Kaç tane istiyorsunuz?	**How many do you want?** /hau 'meni du yu w**o**nt/
Bunlardan başka var mı?	**Do you have more of these?** /du yu h**e**v m**o:** **o**v **d**i:z/
Esas alışveriş merkezi hangisidir?	**Which is the main shopping area?** /wiç iz **d**ı meyn 'ş**o**ping **e**riı/
... yı nerede bulabilirim?	**Where can I get ...?** /weı k**e**n ay get .../
... almak için iyi bir dükkân biliyor musunuz?	**Do you know a good shop to buy ...?** /du yu nou ı gud ş**o**p tu bay .../

Buraya kim bakıyor?	**Who's serving here?** /hu:z sö:ving hiı/
Ne arzu ediyorsunuz?	**What would you like?** /wot wud yu layk/
Bu gömleğin fiyatı ne kadardır?	**How much is this shirt?** /hau maç iz dis şö:t/
Erkek eşyası bölümü nerede?	**Where's the men's department?** /weız dı menz di'pa:tmınt/
Çorapları görebilir miyim, lütfen?	**Can I see the socks (stockings), please?** /ken ay si: dı 'soks ('stokingz) pli:z/
Bana şu çantaları gösterir misiniz, lütfen?	**Will you please show me those bags?** /wil yu pli:z şou mi douz begz/
Teşekkür ederim, sadece şöyle bakıyordum.	**Thank you, I'm just looking around.** /tenk yu aym cast 'luking ı'raund/
Başka renkleri var mı?	**Have you got it in other colours?** /hev yu got it in 'adı 'kalız/
Bu çok ...	**This is too ...** /dis iz tu: .../
Bu elbise bana uymuyor.	**This suit doesn't fit me.** /dis su:t 'dazınt fit mi/
Bana uymazsa değiştirebilir miyim?	**Can I change it if it doesn't fit me?** /ken ay çeync it if it 'dazınt fit mi/

Ne zaman hazır olacak?	**When will it be ready?** /wen wil it bi 'redi/
O bana uymuyor.	**It doesn't fit me.** /it 'dazınt fit mi/
Bir prova edebilir miyim?	**Can I try it on?** /ken ay tray it on/
Bu ayakkabılar bana çok küçük.	**These shoes are too small for me.** /di:z şu:z a: tu: smo:l fo: mi/
Bir çift ayakkabı istiyorum.	**I want a pair of shoes.** /ay wont ı peı ov şu:z/
Bir takım elbise almak istiyorum.	**I want to buy a suit.** /ay wont tu bay ı su:t/
Kollar çok uzun.	**The sleeves are too long.** /dı 'sli:vz a: tu: long/
Bunlar hanımlar için mi?	**Are these for ladies?** /a: di:z fo: 'leydi:z/

O bir hanım içindir.	**It's for a lady.** /its fo: ı 'leydi/

Seyahat çeki kabul eder misiniz?	**Do you accept traveller's cheques?** /du yu ık'sept 'trevlız çeks/
Asansörle yukarı çıkabilir miyim?	**Can I take the lift upstairs?** /ken ay teyk dı lift ap'steız/
Biraz daha ucuzlarını gösterebilir misiniz?	**Will you show me some cheaper ones?** /wil yu şou mi sam çi:pı wanz/
Rengi (biçimi) hoşuma gitmedi.	**I don't like the colour (shape).** /ay dount layk dı 'kalı (şeyp)/
Bunu deneyebilir miyim?	**Can I try this on?** /ken ay tray dis on/
Bu olmaz.	**This won't do.** /dis wount du/
Maalesef kalmadı.	**I'm sorry we haven't any left.** /aym 'sori wi 'hevınt 'eni left/
Sizde bayan şemsiyeleri bulunur mu?	**Have you got ladies umbrellas?** /hev yu got 'leydi:z am'brelız/
Karım (Kocam) için bir şapka istiyorum.	**I want a hat for my wife (husband).** /ay wont ı het fo: may wayf ('hazbınd)/
Vitrindeki kravatı bir görebilir miyim?	**Can I take a look at the tie in the window?** /ken ay teyk ı luk et dı tay in dı 'windou/
Bu gömleklerin mavileri var mı?	**Do these shirts come in blue?** /du di:z şö:ts kam in blu:/

Bu kazak hakiki yün mü?	**Is this pullover genuine wool?** /iz dis 'pulouvı 'cenyuin wul/
Böyle bir şey giyebileceğimi sanmıyorum.	**I don't think I can wear anything like that.** /ay dount tink ay ken weı 'eniting layk det/
Pantalonun beli çok geniş.	**The trousers are too large at the waist.** /dı 'trauzız a: tu: la:c et dı weyst/
Daha uzun kol istiyorum.	**I want longer sleeves.** /ay wont longı 'sli:vz/
Bunu geçenlerde almıştım, değiştirmek istiyorum.	**I bought this one the other day, I want to change it.** /ay bo:t dis wan di 'adı dey ay wont tu çeync it/
Yıkanınca çekti.	**It has shrunk after washing.** /it hez şrank 'a:ftı 'woşing/
Bunun rengi attı (soldu).	**The colour has run (faded).** /dı 'kalı hez ran (feydid)/
İşte faturam burada.	**Here is my invoice.** /hiı iz may 'invoys/
Bu çok pahalı.	**This is too expensive.** /dis iz tu: ik'spensiv/
Aynada bakabilir miyim?	**Can I look at myself in the mirror?** /ken ay luk et may'self in dı 'mirı/
Bunun gibi bir şey istiyorum.	**I want something like this.** /ay wont 'samting layk dis/

Vitrindeki mavi kazağı istiyorum.	**I want the blue pullover in the window.** /ay w**o**nt **dı** blu: 'pulouv**ı** in **dı** 'windou/
Ben daha ucuz bir şey istiyorum.	**I want something cheaper.** /ay w**o**nt 'samting çi:p**ı**/
Ben daha iyi bir şey istiyorum.	**I want something better.** /ay w**o**nt 'samting bet**ı**/
Size onun için on paund vereceğim.	**I'll give you ten pounds for it.** /ayl giv yu ten paundz f**o:** it/
Lütfen paket yapınız.	**Please wrap it up.** /pli:z r**e**p it ap/
Lütfen hepsini birlikte paket yapınız.	**Please put them all in one packet.** /pli:z put **d**em **o:**l in wan 'p**e**kit/
Borcum ne kadar?	**How much do I owe?** /hau maç du ay ou/
Hepsi ne kadar ediyor?	**How much is it all together?** /hau maç iz it **o:**ltı'ge**dı**/
Kasa nerede?	**Where's the cash desk?** /weız **dı** k**e**ş desk/
Kredi kartıyla ödemek istiyorum.	**I'd like to pay by credit card.** /ayd layk tu pey bay 'kredit ka:d/
İnternet üzerinden satış yapıyor musunuz?	**Do you sell over the internet?** /du yu sel 'ouv**ı** **dı** 'intınet/
Dört taksitte ödemek istiyorum.	**I want to pay in four instalments.** /ay w**o**nt tu pey in f**o:** in'st**o:**lmınts/

Bana bir paket .... sigarası veriniz.	**Give me a packet of ... cigarettes.** /giv mi ı 'pekit ov ... sigı'rets/
Bir paket kaç paradır?	**How much is a packet?** /hau maç iz ı pekit/
Lütfen çakmağımı doldurur musunuz?	**Will you please fill my lighter?** /wil yu pli:z fil may laytı/
Bir kutu kibrit, lütfen.	**A box of matches, please.** /ı boks ov meçiz pli:z/
Nerede bir çakmak bulabilirim?	**Where can I find a lighter?** /weı ken ay faynd ı laytı/
Nerden ekmek alabilirim?	**Where can I get some bread?** /weı ken ay get sam bred/
Bu ekmek taze mi?	**Is this bread fresh?** /iz dis bred freş/
On iki yumurta istiyorum.	**I want twelve eggs.** /ay wont twelv egz/
Bir paket tereyağı, lütfen.	**A packet of butter, please.** /ı 'pekit ov batı pli:z/
İki şişe süt istiyorum.	**I want two bottles of milk.** /ay wont tu: 'botılz ov milk/
Bana üç kilo şeker veriniz.	**Give me three kilos of sugar.** /giv mi tri: 'kilouz ov şugı/
Bir kilo kuzu pirzolası istiyorum.	**I want a kilo of lamb chops.** /ay wont ı 'kilou ov lem çops/
Yarım kilo kıyma, lütfen.	**Half a kilo of minced meat, please.** /ha:f ı 'kilou ov minst mi:t pli:z/

Koyun etinin fiyatı nedir?	**What's the price of mutton?** /wots dı prays ov 'matın/
Bir tane büyük (küçük) tavuk, lütfen.	**A big (small) chicken, please.** /ı big (smo:l) çikın pli:z/
İki (Üç) kilo elma istiyorum.	**I want two (three) kilos of apples, please.** /ay wont tu: (tri:) 'kilouz ov 'epılz pli:z/
Bir Londra haritası istiyorum.	**I want a map of London.** /ay wont ı mep ov 'landın/
İngilizce (Türkçe) gazete satıyor musunuz?	**Do you sell English (Turkish) newspapers?** /du yu sel 'ingliş ('tö:kiş) nyu:zpeypız/
Bir çift ayakkabı istiyorum.	**I'd like a pair of shoes.** /ayd layk ı peı ov şu:z/
Kaç numara ayakkabı giyiyorsunuz?	**What size shoes do you wear?** /wot sayz şu:z du yu weı/
Kırk numara.	**Size forty.** /sayz fo:ti/
Bu renk iyi mi?	**Is this colour good?** /iz dis 'kalı gud/
Yazlık bir ayakkabı istiyorum.	**I'd like a pair of summer shoes.** /ayd layk ı peı ov' samı şu:z/
Bot almak istiyorum.	**I want to buy a pair of boots.** /ay wont tu bay ı peı ov bu:tz/

Bu modelin başka renkleri de var mı?	**Do you have this model in other colours?** /du yu hev dis modıl in 'adı 'kalız/
Ayakkabımı tamir ettirmek istiyorum.	**I want to have my shoes repaired.** /ay wont tu hev my şu:z ri'peıd/
Çocuk ayakkabısı bulunur mu?	**Do you have children's shoes?** /du yu hev 'çildrınz şu:z/
Terlik bulunur mu?	**Do you have slippers?** /du yu hev 'slipız/
Hepsi bu kadar, teşekkür ederim.	**That's all, thank you.** /dets o:l tenk yu/

SÖZCÜKLER

GENEL

satın almak	**to buy** /tu bay/
satmak	**to sell** /tu sel/
satıcı	**seller, salesman** /selı 'seylzmın/
pahalı	**expensive** /ik'spensiv/
taksit	**installment** /insto:lmınt/
borç	**debt** /det/
borçlu	**debtor** /detı/
vitrin	**window** /'windou/
ucuz	**cheap** /çi:p/

para	**money** /mani/
büyük mağaza	**department store** /di'pa:tmınt sto:/
dükkân	**shop, store** /şop sto:/

EV EŞYALARI

avize	**chandelier** /şendı'liı/
duvar saati	**wall clock** /wo:l klok/
halı	**carpet** /'ka:pit/
koltuk	**arm chair** /a:m çeı/
kül tablası	**ash tray** /eş trey/
minder	**cushion** /'kuşın/
perde(ler)	**curtains** /'kö:tınz/
sandalye	**chair** /çeı/
sehpa	**coffee table** /'kofi 'teybıl/
vazo	**vase** /va:z/
battaniye	**blanket** /'blenkit/
çalar saat	**alarm clock** /ı'la:m klok/
çarşaf	**bed sheets** /'bed şi:ts/
elbise askısı	**coat hanger** /'kout hengı/
yastık	**pillow** /'pilou/
yorgan	**quilt** /kwilt/
bıçak	**knife** /nayf/
buzdolabı	**refrigerator** /ri'fricıreytı/
cezve	**coffee pot** /'kofi pot/

çatal	**fork** /fo:k/
çay bardağı	**tea glass** /'ti:gla:s/
çaydanlık	**teapot** /'ti:pot/
dolap	**cupboard** /'kabıd/
ekmeklik	**bread bin** /bred bin/
huni	**funnel** /'fanıl/
kaşık	**spoon** /spu:n/
kavanoz	**jar** /ca:/
kepçe	**ladle** /'leydıl/
kevgir	**colander** /'kalındı/
sürahi	**jug** /cag/
tabak	**plate** /pleyt/
tava	**frying-pan** /'frayingpen/
tencere	**saucepan** /'so:spen/
tepsi	**tray** /trey/
termos	**flask** /fla:sk/
çamaşır makinesi	**washing machine** /'woşing mı'şi:n/
dikiş makinesi	**sewing machine** /'souing mı'şi:n/
elektrik süpürgesi	**vacuum cleaner** /'vekyuım 'kli:nı/
saç kurutma makinesi	**hair dryer** /heıdrayı/
ütü	**iron** /'ayın/

GİYECEKLER ve AKSESUARLAR

anorak	**anorak** /'enırek/
ayakkabı	**shoes** /şu:z/
başörtüsü	**headscarf** /hedska:f/
bikini	**bikini** /bi'kini/
bilezik	**bracelet** /'breyslit/
blucin	**bluejeans** /blu:ci:nz/
bluz	**blouse** /blauz/
bornoz	**bathrobe** /'ba:troub/
ceket	**jacket** /'cekit/
çizme	**boots** /bu:ts/
çorap (uzun)	**stockings** /'stokingz/
çorap	**socks** /soks/
deri takım	**leather suit** /'ledı su:t/
döpiyes	**two-piece (dress)** /'tu: pi:s (dres)/
el çantası	**handbag** /'hendbeg/
elbise	**dress** /dres/
eşofman	**tracksuit** /'treksu:t/
etek	**skirt** /skö:t/
fanila	**flannelvest** /'flenılvest/
frak	**tail coat** /teyl kout/
gecelik	**nightdress** /'naytdres/
gelinlik	**wedding gown** /'weding gaun/

gömlek	**shirt** /şö:t/
hırka	**cardigan** /'ka:digın/
iç çamaşırı	**underwear** /'andıweı/
kazak	**pullover** /'pulouvı/
kışlık elbise	**winter dress** /'wintıdres/
korse	**girdle** /'gö:dıl/
kravat	**tie** /tay/
külot	**panties** /'pentiz/
külot	**underpants** /'andıpents/
külotlu çorap	**tights** /tayts/
kürk manto	**fur coat** /'fö: kout/
manto	**coat** /kout/
mayo	**bathing suit** /beyding su:t/
mayo	**swimsuit** /'swimsu:t/
pantolon	**trousers, pants** /'trauzıs, pents/
pardösü	**overcoat** /'ouvıkout/
pijama	**pyjamas** /'pıca:mız/
smokin	**tuxedo** /tak'si:dou/
spor ayakkabı	**sports shoes** /'spo:tsşu:z/
sutyen	**bra** /bra:/
süveter	**sweater** /swetı/
şort	**shorts** /şo:ts/
takım elbise	**suit** /su:t/

tayyör	**(woman's) suit** /('wumınz) su:t/
terlik	**slippers** /slipız/
tişört	**T-shirt** /ti: şö:t/
tuvalet (giysi)	**evening dress** /'i:vning dres/
yağmurluk	**raincoat** /'reynkout/
yazlık elbise	**summer dress** /'samıdres/
yelek	**waistcoat** /'weystkout/

SAATÇİDE

Bir saat satın almak istiyorum.	**I want to buy a watch.** /ay w**o**nt tu bay ı w**o**ç/
Bir kol saati satın almak istiyorum.	**I want to buy a wrist watch.** /ay w**o**nt tu bay ı rist w**o**ç/
Şu saati görebilir miyim?	**Could I see that watch, please?** /kud ay si: **de**t woç pli:z/

Saatim ileri gidiyor.	**My watch is fast.** /may w**o**ç iz fa:st/
Ucuz duvar saatleriniz var mı?	**Have you got any cheap wall clocks?** /h**e**v yu g**o**t eny çi:p w**o:**l kl**o**ks/
Saatimi tamir ettirmek istiyorum.	**I want to have my watch repaired.** /ay w**o**nt tu h**e**v may w**o**ç ri'peıd/

Saatim çalışmıyor.	**My watch isn't working.** /may woç izınt wö:king/
Saatim geri kalıyor.	**My watch is slow.** /may woç is slou/
Saatim bozuk.	**My watch won't go.** /may woç wount gou/
Saatim yere düştü.	**My watch fell on the ground.** /may woç fel on dı graund/
Saatim aniden durdu.	**My watch stopped suddenly.** /may woç stopt 'sadınli/
Yayı kırıldı.	**The spring broke.** /dı spring brouk/
Tamir edebilir misiniz?	**Can you repair it?** /ken yu ri'peı it/
Ne zaman hazır olur?	**When will it be ready?** /wen wil it bi 'redi/
Ne kadar ödeyeceğim?	**How much will I pay?** /hau maç wil ay pey/
Şu saati görebilir miyim, lütfen?	**Could I see that watch, please?** /kud ay si: det woç pli:z/
Tamir masrafı ne kadar olacak?	**How much will the repair cost?** /hau maç wil dı ri'peı kost/

SÖZCÜKLER

saat	**clock, watch** /klok, woç/
duvar saati	**wall clock** /wo:l kok/

kol saati	**wrist watch** /'rist woç/
cep saati	**pocket watch** /pokit woç/
çalar saat	**alarm clock** /ı'la:m klok/
saatçi	**watch maker** /'woç meykı/
yay, zemberek	**spring** /spring/
cam	**glass** /gla:s/
gösterge, ibre	**hand** /hend/
akrep	**hour hand** /auı hend/
yelkovan	**minute hand** /minit hend/
kurmak (saati)	**to wind** /tu waynd/
temizlemek	**to clean** /tu kli:n/
sarkaç	**pendulum** /'pendyulım/

FOTOĞRAFÇIDA

Resmimi çektirmek istiyorum.	**I want to have my picture taken.** /ay wont tu hev may 'pikçı 'teykın/
Vesikalık resim çektirmek istiyorum.	**I want to have a passport picture taken.** /ay wont tu hev ı 'pa:spo:t 'pikçı 'teykın/
Lütfen birkaç değişik poz çekiniz.	**Please take some different poses.** /pli:z teyk sam 'difrınt pouzız/
Resimleri ne zaman alabilirim?	**When can I get the pictures?** /wen ken ay get dı 'pikçız/
On iki tane istiyorum.	**I want twelve.** /ay wont twelv/
Bir fotoğraf albümü satın almak istiyorum.	**I want to buy a photo album.** /ay wont tu bay ı 'foutou 'elbım/
Bu filmi lütfen banyo ediniz.	**Please develop this film.** /pli:z di'velıp dis film/
Her negatiften bir agrandisman istiyorum.	**I want one enlarged copy from each negative.** /ay wont wan inla:cd kopi from i:ç 'negıtiv/
Bir fotoğraf makinesi satın almak istiyorum.	**I want to buy a camera.** /ay wont tu bay ı 'kemırı/

Mat kâğıda ve 6 x 9 boyutunda olsun.	**I want them on matt paper 6 by 9.** /ay wont dem on met peypı siks bay nayn/
Parlak ve 9 x 12 istiyorum.	**I want them on glossy paper 9 by 12.** /ay wont dem on glosi peypı nayn bay twelv/
36'lık bir film istiyorum.	**I'd like a 36 mm film.** /ayd layk ı 'tö:ti'fayv 'milimi:tı film/
Filmi makineye koyar mısınız?	**Will you put in the film?** /wil yu put in dı film/
Film makineye sıkıştı.	**The film is jammed in the camera.** /dı film iz cemd in dı 'kemırı/
Bu resmi büyüttürmek istiyorum.	**I want to have this picture enlarged.** /ay wont tu hev dis 'pikçı inla:cd/
Her resimden bir kopya, lütfen.	**One print from each picture, please.** /wan print from i:ç 'pikçı pli:z/
Siyah beyaz bir negatif film almak istiyorum.	**I want to buy a black and white negative film.** /ay wont tu bay ı blek end wayt 'negıtiv film/
Renkli bir slayt film almak istiyorum.	**I want to buy a colour slide.** /ay wont tu bay ı 'kalı slayt/
Her pozdan ... tane istiyorum.	**I want ... prints of each negative.** /ay wont ... prints ov i:ç 'negıtiv/

16 mm. lik film var mı?	**Have you got 16 mm film?** /hev yu got siks'ti:n 'milimi:tı film/
Bir flaş satın almak istiyorum.	**I want to buy a flash.** /ay wont tu bay ı fleş/

SÖZCÜKLER

kopya	**copy** /kopi/
baskı	**print** /print/
fotoğraf makinesi	**camera** /kemırı/
teleobjektif	**telelens** /telilenz/
enstantane	**snapshot** /snepşot/
pozometre	**exposure meter** /ekspoujı mi:tı/
deklanşör	**shutter** /şatı/
resim	**picture** /pikçı/
vesikalık resim	**passport picture** /pa:spo:t pikçı/
diyafram	**diaphragm stop** /dayefrem stop/
büyütme, agrandisman	**enlargement** /in'la:cmınt/
objektif	**lens** /lenz/
flaş	**flash** /fleş/
slayt, diya	**slide** /slayd/
film	**film** /film/
renkli film	**colour film** /kalı film/

filtre	**filter** /filtı/
ışık	**light** /layt/
gün ışığı	**daylight** /deylayt/
mercek	**lens** /lenz/
uzaklığı ayarlamak	**to focus** /tu 'foukıs/
banyo ettirmek	**to develop** /tu di'velıp/
resim çekmek	**to take pictures** /tu teyk 'pikçız/
rötuş yapmak	**to retouch** /tu ritaç/
flu	**blurred** /blö:d/
parlak	**glossy** /glosi/
mat	**matt** /met/
poz	**pose** /pouz/
ayak, sehpa	**tripod** /tripod/
çerçeve	**frame** /freym/
negatif	**negative** /'negıtiv/
kartuş	**cartridge** /'ka:tric/
flaş lambası	**flash bulb** /fleş balb/

Eczanede
Doktorda
Dişçide
Erkek berberinde
Kadın berberinde

Bölüm 7
Sağlık ve Bakım

ECZANEDE

Bu yakınlarda bir eczane var mı?	**Is there a chemist's near here?** /iz deı ı 'kemists niı hiı/
Bana bu reçeteyi yapar mısınız?	**Will you make up this prescription for me?** /wil yu meyk ap dis pri'skripşın fo: mi/
Ne zaman hazır olur?	**When will it be ready?** /wen wil it bi 'redi/
Lütfen bana reçetenizi veriniz.	**Please give me your prescription.** /pli:z giv mi yo: pri'skripşın/
Bir öksürük ilacı (kuvvet şurubu ...) istiyorum.	**I want cough pills (a tonic ...).** /ay wont kof pilz (ı 'tonik ...)/
... rica ediyorum.	**I'd like ....** /ayd layk .../
Bana soğuk algınlığa (ateşe ...) karşı bir şey verebilir misiniz?	**Can you give me something for a cold (fever ...)?** /ken yu giv mi 'samting fo: ı kould (fi:vı ...)/
Bana iki kutu aspirin veriniz.	**Give me two boxes of aspirins.** /giv mi tu: boksiz ov 'espirinz/
Küçük bir şişe tentürdiyot, lütfen.	**A small bottle of iodine, please.** /ı smo:l 'botıl ov 'ayıdi:n pli:z/

Bu ilacı reçetesiz alabilir miyim?	**Can I get this medicine without a prescription?** /ken ay get dis 'medsin wid'aut ı pri'skripşın/
Onu size reçetesiz veremem.	**I can't give it to you without a prescription.** /ay ka:nt giv it tu yu wid'aut ı pri'skripşın/
Fiyatı nedir?	**How much is it?** /hau maç iz it/
Seyahat hastalığı (araç tutması) için bir şey istiyorum.	**I want something for travel sickness.** /ay wont 'samting fo: 'trevıl siknis/
Bana diş ağrısı için bir şey verebilir misiniz?	**Can you give me something for tooth ache?** /ken yu giv mi 'samting fo: 'tu:t eyk/
Bana ... için bir ilaç verebilir misiniz?	**Can you give me something for a ...?** /ken yu giv mi 'samting fo: ı .../
Bir rulo plaster istiyorum.	**I want a roll of adhesive plaster.** /ay wont ı rol ov ıd'hi:siv 'pla:stı/
Bu gece hangi eczane nöbetçi (açık)?	**Which chemist's is open tonight?** /wiç 'kemists iz oupın 'tınayt/
Bu pazar hangi eczane nöbetçi?	**Which chemist's is open this Sunday?** /wiç 'kemists iz oupın dis 'sandi/

Bana iyi bir doktor tavsiye edebilir misiniz?	**Can you recommend me a good doctor?** /ken yu rekı'mend mi ı gud 'doktı/
Bu ilacı günde üç kere mi alacağım?	**Shall I take this medicine three times a day?** /şel ay teyk dis 'medsin tri: taymz ı dey/

SÖZCÜKLER

antiseptik	**antiseptic** /enti'septik/
aseton	**nail polish remover** /neyl poliş ri'mu:vı/
cımbız	**tweezers** /'twi:zız/
çengelliiğne	**safety pins** /'seyfti pinz/
çocuk bezi	**nappies** /'nepi:z/
deodoran	**deodorant** /di:'oudırınt/
diş fırçası	**toothbrush** /'tu:tbraş/
diş macunu	**toothpaste** /'tu:tpeyst/
eczane	**chemist's** /'kemists/
el kremi	**hand cream** /hend kri:m/
el losyonu	**hand lotion** /hend 'louşın/
far	**eyeshadow** /'ayşedou/
fırça	**brush** /braş/
fondöten	**foundation cream** /faun'deyşın kri:m/

gece kremi	**night cream** /nayt kri:m/
göz kalemi	**eye pencil** /ay ‘pensıl/
güneş kremi	**sun cream** /san kri:m/
güneş yağı	**sun oil** /san oyl/
ilaç	**medicine** /’medsin/
kadın bağı	**sanitary towel** /’senitıri ‘tauıl/
kan	**blood** /blad/
kâğıt mendil	**Kleenex** /’kli:neks/
kapsül	**capsule** /’kepsyu:l/
kolonya	**cologne** /kı’loun/
krem	**cream** /kri:m/
nemlendirici	**moisturizer** /’moysçırayzı/
oje	**nail polish** /neyl poliş/
parfüm	**perfume** /’pö:fyu:m/
pastil	**lozenge** /’lozinc/
pudra	**powder** /paudı/
reçete	**prescription** /pris’kripşın/
rimel	**mascara** /mı’ska:rı/
ruj	**lipstick** /lipstik/
sabun	**soap** /soup/
saç kremi	**hair conditioner** /heı kın’dişını/
saç spreyi	**hair spray** /heısprey/
sünger	**sponge** /spanc/

şampuan	**shampoo** /şem'pu:/
tablet	**pill** /pil/
talk pudrası	**talcum powder** /'telkım paudı/
tampon	**tampon** /'tempın/
tarak	**comb** /koum/
tıraş fırçası	**shaving brush** /'şeyving braş/
tıraş köpüğü	**shaving foam** /'şeyving foum/
tıraş kremi	**shaving cream** /'şeyving kri:m/
tıraş losyonu	**after shave lotion** /'a:ftışeyv 'louşın/
tıraş sabunu	**shaving soap** /'şeyving soup/
tırnak makası	**nail clippers** /neyl 'klipız/
tırnak törpüsü	**nail file** /neyl fayl/
tuvalet kâğıdı	**toilet paper** /'toylit peypı/
yüz havlusu	**face cloth** /feys klout/
yüz pudrası	**face powder** /feys 'paudı/

DOKTORDA

Hemen bir doktor nasıl bulabilirim?	**How can I find a doctor quickly.** /hau ken ay faynd ı 'doktı 'kwikli/
Şikâyetiniz nedir?	**What's your complaint?** /wots yo: kı'mpleynt/
Başım dönüyor.	**I feel dizzy.** /ay fi:l dizi/
Hastayım.	**I'm ill.** /aym il/
Bir doktora görünmeliyim.	**I must see a doctor.** /ay mast si: ı 'doktı/

Doktor evde mi?	**Is the doctor in?** /iz dı 'doktı in/
Doktor burada mı?	**Is the doctor here?** /iz dı 'doktı hiı/

Doktor buraya gelebilir mi?	**Can the doctor come here?** /ken dı 'doktı kam hiı/
Nerede bir hastane var?	**Where is there a hospital?** /weı iz deı ı 'hospitıl/
Evime gelebilir misiniz?	**Can you come to my house?** /ken yu kam tu may haus/
Kendimi hiç iyi hissetmiyorum.	**I don't feel well at all.** /ay dount fi:l wel et o:l/
Başım ağrıyor.	**I've got a headache.** /ayv got ı 'hedeyk/
Nerede iyi bir doktor bulabilirim?	**Where can I find a good doctor?** /weı ken ay faynd ı gud 'doktı/
Nerede oturur?	**Where does he live?** /weı daz hi liv/
Muayene saatleri ne zamandır?	**When are his consulting hours?** /wen a: hiz kın'salting auız/
Muayene ücreti ne kadar?	**How much is the doctor's fee?** /hau maç iz dı 'doktız fi:/
Lütfen derhal bir doktor çağırın.	**Please call a doctor immediately.** /pli:z ko:l ı 'doktı imi:diıtli/
Kendimi çok yorgun hissediyorum.	**I feel very tired.** /ay fi:l 'veri 'tayıd/
Bugün hiç iyi değilim.	**I don't feel well at all today.** /ay dount fi:l wel et o:l tı'dey/
Doktor burada mı?	**Is the doctor here?** /iz dı 'doktı hiı/

Doktorla görüşmem gerek.	**I must speak to the doctor.** /ay mast spi:k tu dı 'doktı/
Beklemeniz gerekecek.	**You will have to wait.** /yu wil hev tu weyt/
Çok bekleyecek miyim?	**Will I have to wait long?** /wil ay hev tu weyt long/
Bekleyen çok kimse var mı?	**Are there many people waiting?** /a: deı 'meni pi:pıl 'weyting/
O kadar zaman bekleyemem.	**I can't wait that long.** /ay ka:nt weyt det long/
Özel sağlık sigortası geçerli mi burada?	**Do you accept private health insurance here?** /du yu ık'sept 'prayvit helt in'şuırıns hiı/
Merhaba, doktor.	**Hello, doctor.** /hı'lou 'doktı/
Birkaç gündür kendimi iyi hissetmiyorum.	**I haven't felt well for some days.** /ay 'hevınt felt wel fo: sam deyz/
Üşüttüm.	**I've caught a cold.** /ayv ko:t ı kould/
Boğazım ağrıyor.	**I've got a sore throat.** /ayv got ı so: trout/
Uyuyamıyorum.	**I can't sleep.** /ay ka:nt sli:p/
Eğilemiyorum.	**I can't bend.** /ay ka:nt bend/

Hareket edemiyorum.	**I can't move.** /ay ka:nt mu:v/
Kustum.	**I have vomited.** /ay hev 'vomitid/
Sağ tarafta.	**On the right side.** /on dı rayt sayd/
Sol tarafta.	**On the left side.** /on dı left sayd/
Tam şuramda.	**It is right here.** /it iz rayt hiı/
... gündür devam ediyor.	**I've had it for ... days.** /ayv hed it fo: ... deyz/
Nereniz ağrıyor?	**Where does it hurt?** /weı daz it hö:t/
Acıyor mu?	**Does it hurt?** /daz it hö:t/
Buramda korkunç bir ağrı var.	**I've got a severe pain here.** /ayv got ı si'viı peyn hiı/
Ne zamandır ağrıyor?	**How long has it hurt?** /hau long hez it hö:t/
Sürekli ağrıyor.	**It hurts all the time.** /it hö:ts o:l dı taym/
Şuraya uzanın lütfen.	**Please lie down here.** /pli:z lay daun hiıı/
Derin nefes alın.	**Breathe deeply.** /bri:d di:pli/
Öksürün.	**Cough.** /kof/

Ağzınızı açın.	**Open your mouth.** /oupın yo: maut/
Derin nefes alın ve nefesinizi tutun.	**Take a deep breath in and hold it.** /teyk ı di:p bret end hould it/
Şimdi nefesinizi bırakın.	**Now let your breath out.** /nau let yo: bret aut/
Acıyor mu?	**Does that hurt?** /daz det hö:t/
Bir kaza geçirdim.	**I've had an accident.** /ayv hed en 'eksidınt/
Ayak bileğimi burktum.	**I've sprained my ankle.** /ayv spreynd may 'enkıl/
Kırılmış mı?	**Is it broken?** /iz it 'broukın/
Hastaneye gitmek gerekli mi?	**Is it necessary to go to the hospital?** /iz it 'nesisıri tu gou tu dı 'hospitıl/
Röntgen istiyorum.	**I want an X-ray.** /ay wont ın 'iksrey/
Diğer testler için hastaneye gitmelisiniz.	**You must go to hospital for more tests.** /yu mast gou tu 'hospitıl fo: mo: tests/
Sırtım ağrıyor.	**My back hurts.** /may bek hö:ts/
İyi uyuyor musunuz?	**Do you sleep well?** /du yu sli:p wel/

Grip (bronşit ...) olmuşsunuz.	**You've got flu (bronchitis ...).** /yuv got flu: (bron'kaytis ...)/
İştahınız nasıl?	**How's your appetite?** /hauz yo: 'epitayt/
Tansiyonunuza bakacağım.	**I'll take your blood pressure.** /ayl teyk yo: 'blad 'preşı/
Kan (idrar ...) örneği istiyorum.	**I want a sample of blood (urine ...).** /ay wont ı 'sa:mpıl ov blad ('yu:ırin ...)/
Şiddetli bir nezleye tutuldum.	**I've had a bad cold.** /ayv hed ı bed kould/
Rahat nefes alamıyorum.	**I can't breathe easily.** /ay ka:nt bri:d i:zili/
Başım (midem ...) ağrıyor.	**I have a head (stomach ...) ache.** /ay hev ı hed ('stamık ...) eyk/
Bacağımı (kolumu, boynumu...) oynatamıyorum.	**I can't move my leg (arm, neck ...).** /ay ka:nt mu:v may leg (a:m, nek ...)/
Kolumu incittim.	**I've injured my arm.** /ayv 'incıd may a:m/
Bacağım kırıldı.	**I've broken my leg.** /ayv 'broukın may leg/
Ayağım burkuldu.	**I've twisted my foot.** /ayv 'twistıd may fu:t/
Korkarım bir kırık var.	**I'm afraid there's a fracture.** /aym ı'freyd deıriz ı 'frekçı/

Çok çabuk terliyorum.	**I sweat easily.** /ay swet i:zili/
İştahım yok.	**I have no appetite.** /ay hev nou 'epıtayt/
Fazla önemli değil.	**It's nothing serious.** /its 'nating 'sııriıs/
... olmuşsunuz.	**You've got ...** /yuv got .../
Sigara içmeyin.	**You mustn't smoke.** /yu 'masınt smouk/
Alkol almayın.	**You mustn't drink.** /yu 'masınt drink/
Üç gündür bir şey yeme-dim.	**I haven't eaten anything for three days.** /ay 'hevınt i:tın 'eniting fo: tri: deyz/

Ameliyat olmanız gerek.	**You have to have an operation.** /yu hev tu hev ın 'opıreyşın/

Size bir iğne yapacağım.	**I'll give you an injection.** /ayl giv yu ın 'inceksın/
Sigara içebilir miyim?	**Can I smoke?** /ken ay smouk/
Yakında iyileşeceksiniz.	**You'll get well soon.** /yu:l get wel su:n/
Perhiz yapmam gerekir mi?	**Do I have to diet?** /du ay hev tu dayıt/
Kesinlikle rejim yapmalısınız.	**You will have to keep to a strict diet.** /yu wil hev tu ki:p tu ı strikt 'dayıt/
Size bir hap (şurup ...) vereceğim.	**I'll give you a pill (syrup ...)** /ayl giv yu ı pil ('sirıp ...)/
Sabahları.	**In the morning.** /in dı 'mo:ning/
Akşamları.	**In the evening.** /in dı 'i:vning/
Bundan günde iki defa (üç defa) alın.	**Take this twice (three times) a day.** /teyk dis tways (tri: taymz) ı dey)/
Yemeklerden önce. (Aç karnına.)	**Before meals.** /bi:'fo: miılz/
Yemeklerden sonra. (Tok karnına)	**After meals.** /'a:ftı miılz/
İstirahate ihtiyacınız var.	**You need a rest.** /yu ni:d ı rest/

Birkaç gün için evde istirahat etmelisiniz.	**You must rest at home for a few days.** /yu mast rest **e**t houm f**o:** ı fyu: deyz/
Bugün kendinizi nasıl hissediyorsunuz?	**How do you feel today?** /hau du yu fi:l tı'dey/
Bugün daha iyiyim, teşekkür ederim.	**I'm better today, thank you.** /aym betı tı'dey **te**nk yu/
... gün yataktan çıkmamalısınız.	**You will have to stay in bed for ... days.** /yu wil h**e**v tı stey in bed f**o:** ... deyz/
Fazla önemli bir rahatsızlığınız yok.	**You don't have anything serious.** /yu dount h**e**v 'eniting 'siırııs/
Durumunuz çok ciddi.	**You have got a serious matter.** /yu h**e**v g**o**t ı 'siırııs 'metı/
Sizi ... ya göndereceğim.	**I'm going to send you to ...** /aym 'gouing tu send yu tu .../
Bir hafta sonra tekrar gelin.	**Come back in a week's time.** /kam b**e**k in ı wi:ks taym/
Geçmiş olsun.	**Get well soon.** /get wel su:n/
Kendinize iyi bakın.	**Take care.** /teyk keı/
Acı (baharatlı) yemeyin.	**You mustn't eat spicy food.** /yu 'masınt i:t spaysi fu:d/

Çok teşekkür ederim, doktor; borcum ne kadar?	**Thank you very much doctor; how much do I owe?** /tenk yu 'veri maç 'doktı hau maç du ay ou/

SÖZCÜKLER

ağrı	**ache** /eyk/
aksırık	**sneeze** /sni:z/
alerji	**allergy** /'elıci/
ameliyat	**operation** /opı'reyşın/
anemi	**anaemia** /ı'ni:miı/
apandisit	**appendicitis** /'ıpendisaytiz/
apse	**abscess** /'ebses/
ateş (hastalık)	**fever** /'fi:vı/
baş ağrısı	**headache** /'hedeyk/
baş dönmesi	**dizziness** /'dizinis/
boğaz ağrısı	**sore throat** /so: trout/
böbrek taşları	**kidney-stones** /'kidnistounz/
böcek sokması	**insect bite** /'insekt bayt/
bronşit	**bronchitis** /bron'kaytis/
bulaşıcı	**infectious** /in'fekşıs/
burun kanaması	**nose bleeding** /nouz 'bli:ding/
cilt hastalığı	**skin disease** /skin di'zi:z/
çıban	**boil** /boyl/

çiçek hastalığı	**smallpox** /'smo:lpoks/
çürük	**bruise** /bru:z/
deniz tutması	**sea-sickness** /si:siknis/
difteri	**diphtheria** /dif'tirii/
dispanser	**dispensary** /di'spensıri/
diş ağrısı	**toothache** /'tu:teyk/
diyet	**diet** /'dayıt/
dizanteri	**dysentery** /'disıntıri/
doktor	**doctor** /'doktı/
grip	**flu** /flu:/
güneş çarpması	**sunstroke** /'sanstrouk/
güneş yanığı	**sunburn** /'sanbö:n/
hasta	**patient** /'peyşınt/
hastalık	**illness** /'ilnis/
hastane	**hospital** /'hospitl/
hazımsızlık	**indigestion** /indi'cesçın/
hemoroit	**hemorrhoid** /'hemıroyd/
hemşire	**nurse** /nö:s/
iğne	**injection** /in'cekşın/
ilaç	**medicine** /'medsin/
iltihap	**inflammation** /inflı'meyşın/
inme	**heart attack** /ha:t ı'tek/
ishal	**diarrhoea** /'dayırii/

iştah	**appetite** /'epitayt/
kabakulak	**mumps** /mamps/
kabızlık	**constipation** /konsti'peyşın/
kan zehirlenmesi	**blood poisoning** /blad 'poyzning/
kangren	**gangrene** /'gengri:n/
kanser	**cancer** /'kensı/
kesik	**cut** /kat/
kızamık	**measles** /'mi:zılz/
kızıl	**scarlet fever** /'ska:lit fi:vı/
kist	**cyst** /sist/
klinik	**clinic** /'klinik/
kolera	**cholera** /'kılirı/
koma	**coma** /'koumı/
kramp	**cramp** /'kremp/
kuduz	**rabies** /'reybi:z/
kusma	**vomiting** /'vomiting/
mide ağrısı	**stomachache** /'stamıkeyk/
migren	**migraine** /'mi:greyn/
muayene	**examination** /igzemi'neyşın/
muayenehane	**surgery** /'sö:cıri/
nabız	**pulse** /pals/
nefes	**breath** /bret/
nöbet, kriz	**attack** /ı'tek/

öksürük	**cough** /kof/
reçete	**prescription** /pris'kripşın/
romatizma	**rheumatism** /'ru:mıtizım/
röntgen	**x ray** /'eksrey/
sağlık	**health** /helt/
salgın hastalık	**epidemic** /epi'demik/
sara	**epilepsy** /'epilepsi/
sargı bezi	**bandage** /'bendic/
sarılık	**jaundice** /'co:ndis/
sedye	**stretcher** /'streçı/
serum	**serum** /'siırım/
sırt ağrısı	**backache** /'bekeyk/
sızı	**pain** /peyn/
sindirim	**digestion** /day'cesşın/
sivilce	**acne** /'ekni/
soğuk algınlığı	**cold** /kould/
suçiçeği	**chicken pox** /'çikin poks/
şırınga	**syringe** /si'rinc/
şiş, şişkinlik	**swelling** /'sweling/
tedavi	**treatment** /'tri:tmınt/
ter	**sweat** /swet/
termometre	**thermometer** /tı'momitı/
teşhis	**diagnosis** /dayıg'nousis/

uykusuzluk	**insomnia** /'insomnii/
ülser	**ulcer** /'alsı/
verem	**tuberculosis** /tyubö:kyu'lousis/
yanık	**burn** /bö:n/
yara	**wound** /wund/

VÜCUT

ağız	**mouth** /maut/
akciğer	**lung** /lang/
alın	**forehead** /'fo:hed/
atardamar	**artery** /'a:tıri/
ayak	**foot** /fu:t/
ayak parmağı	**toe** /tou/
bacak	**leg** /leg/
bademcikler	**tonsils** /'tonsilz/
bağırsaklar	**intestines** /in'testinz/
baldır	**calf** /ka:f/
baş	**head** /hed/
bel	**waist** /weyst/
beyin	**brain** /breyn/
bez, gudde	**gland** /glend/
bıyık	**moustache** /mıs'ta:ş/
bilek	**wrist** /rist/
böbrek	**kidney** /'kidni/

burun	**nose** /nouz/
cilt, ten	**complexion** /kım'plekşn/
çene	**chin** /çin/
dalak	**spleen** /spli:n/
damak	**palate** /'pelıt/
damar	**vein** /veyn/
deri	**skin** /skin/
dil	**tongue** /tang/
dirsek	**elbow** /'elbou/
dişeti	**gums** /gamz/
diz	**knee** /ni:/
dudak	**lip** /lip/
eklem	**joint** /coynt/
el	**hand** /hend/
gırtlak	**throat** /trout/
göbek	**navel** /'neyvıl/
göğüs	**chest** /çest/
gövde	**trunk** /trank/
göz	**eye** /ay/
gözbebeği	**pupil** /'pyu:pıl/
gözkapağı	**eyelid** /'aylid/
incik	**shin** /şin/
iskelet	**skeleton** /'skelitn/

kafatası	**skull** /skal/
kalça	**hip** /hip/
kalp	**heart** /ha:t/
kan	**blood** /blad/
kan grubu	**blood type** /blad tayp/
karaciğer	**liver** /'livı/
karın	**belly** /'beli/
kas	**muscle** /'masıl/
kaş	**eyebrow** /'aybrau/
kemik	**bone** /boun/
kirpik(ler)	**eyelash(es)** /'ayleş(iz)/
kol	**arm** /a:m/
kulak	**ear** /iı/
meme	**breast** /brest/
mide	**stomach** /'stamık/
nabız	**pulse** /pals/
omur	**vertebra** /'vö:tıbrı/
omuz	**shoulder** /'şouldı/
organ	**organ** /'o:gın/
oyun	**neck** /nek/
pankreas	**pancreas** /'penkriıs/
parmak	**finger** /'fingı/
pazı	**biceps** /'bayseps/

saç	**hair** /heı/
safrakesesi	**gall bladder** /go:l bledı/
sakal	**beard** /biıd/
sırt	**back** /bek/
sinir	**nerve** /nö:v/
soluk borusu	**windpipe** /'windpayp/
tırnak	**fingernail** /'fingıneyl/
topuk	**heel** /hi:l/
vücut	**body** /badi/
yanak	**cheek** /çi:k/
yemek borusu	**oesophagus** /i'sofıgıs/
yumruk	**fist** /fist/
yüz	**face** /feys/

DİŞÇİDE

Nerede iyi bir dişçi bulunur?	**Where is there a good dentist?** /weız **d**eı ı gud 'dentist/
Dişim ağrıyor.	**My tooth aches.** /may 'tu:**t** eyks/

İyi bir dişçi biliyor musunuz?	**Do you know a good dentist?** /du yu nou ı gud 'dentist/
Dişim kırıldı.	**My tooth has broken off.** /may 'tu:**t** hez 'broukın **o**f/
Diş sallanıyor.	**The tooth is loose.** /**d**ı 'tu:**t** iz lu:s/
Soğuk bir şey içince dişim ağrıyor.	**My tooth aches when I drink something cold.** /may 'tu:**t** eyks wen ay drink 'sam**t**ing kould/
Bu tarafımla hiç çiğneyemiyorum.	**I can't chew on this side.** /ay ka:nt çu: **o**n **d**is sayd/

Bu dişte delik var.	**There's a cavity in this tooth.** /deız ı 'keviti in dis 'tu:t/
Dişlerimden biri oyuk.	**One of my teeth has a cavity.** /wan ov may ti:t hez ı 'keviti/
Yukarısı (üst dişler).	**Up here (the top teeth).** /ap hiı (dı top ti:t)/
Aşağısı (alt dişler).	**Down here (the bottom teeth).** /daun hiı (dı 'botım ti:t)/
Bu dişi doldurtmak istiyorum.	**I want to get this tooth filled in.** /ay wont tu get dis 'tu:t fild in/
Onu şimdi doldurabilir misiniz?	**Can you fill it now?** /ken yu fil it nau/
Dolgu düştü.	**The filling has fallen out.** /dı 'filing hez 'fo:lın aut/
Burası ağrıyor.	**It hurts here.** /it hö:ts hiı/
Ağzınızı iyice açın, lütfen.	**Open your mouth wide, please.** /oupın yo: maut wayd pli:z/
Ağzınızı çalkalayın.	**Rinse your mouth.** /rins yo: maut/
Bu dişi çektirmek gerekir mi?	**Do you think this tooth must come out?** /du yu tink dis 'tu:t mast kam aut/
Dolgu yapmam gerekiyor.	**I have to put in a filling.** /ay hev tu put in ı 'filing/
Bu dişi çekmem gerekiyor.	**I have to extract this tooth.** /ay hev tu iks'trekt dis 'tu:t/

İki üç saat bir şey yemeyin.	**Do not eat anything for two or three hours.** /du not i:t 'eniting fo: tu: o: tri: 'auız/
Bunun için ne kadar ödemem gerekiyor?	**How much do I have to pay for this?** /hau maç du ay hev tu pey fo: dis/
Özel sağlık sigortam var, geçerli mi?	**I have a private health insurance, do you accept it?** /ay hev ı 'prayvit helt in'şuırıns du yu ık'sept it/
Kredi kartıyla ödeyebilir miyim?	**Can I pay by credit card?** /ken ay pey bay 'kredit ka:d/
Salı (cuma) günü tekrar gelin.	**Come back on Tuesday (Friday).** /kam bek on 'tyu:zdi ('fraydi)/

SÖZCÜKLER

dişçi	**dentist** /'dentist/
diş	**tooth** /tu:t/
dişler	**teeth** /ti:t/
kaplama	**crown** /kraun/
altın kaplama	**gold crown** /gould kraun/
ön diş	**front tooth** /frant tu:t/
arka diş	**back tooth** /bek tu:t/
alt diş	**lower tooth** /louwı tu:t/

üst diş	**upper tooth** /apı tu:t/
kesicidiş	**incisor** /in'sayzı/
köpekdişi	**canine** /'keynayn/
azıdişi	**molar tooth** /moulı tu:t/
köprü	**bridge** /bric/
delik	**hole** /houl/
oyuk	**cavity** /'keviti/
dolgu	**filling** /filing/
doldurmak	**to fill** /tu fil/
diş ağrısı	**toothache** /tu:teyk/
takma diş	**false tooth** /fo:ls tu:t/
takma dişler	**false teeth** /fo:ls ti:t/
diş kökü	**root of the tooth** /ru:t ov dı tu:t/
akıldişi, yirmi yaş dişi	**wisdom tooth** /'wizdım tu:t/

ERKEK BERBERİNDE

Bu yakınlarda nerede iyi bir berber var?	**Where is there a good barber near here?** /weı iz deı ı gud ba:bı niı hiı/
Saç tıraşı olmak istiyorum.	**I want to have a haircut.** /ay wont tu hev I heıkat/
Çok bekleyecek miyim?	**Must I wait long?** /mast ay weyt long/
(Çok) Kısa olsun, lütfen.	**(Very) Short, please.** /('veri) şo:t pli:z/
Çok kısa olmasın, lütfen.	**Not too short, please.** /not tu: şo:t pli:z/
Bu kadar yeter.	**That's enough.** /dets 'inaf/
Sakal tıraşı, lütfen.	**Shave, please.** /şeyv pli:z/
Biraz kolonya, lütfen.	**A little Eau de Cologne, please.** /ı litıl ou dö: kı'loun pli:z/
Bıyıktan biraz alınız.	**Cut a little off the moustache.** /kat ı litıl of dı mı'sta:ş/
Arka ve yanlar kısa olsun.	**Short back and sides.** /şo:t bek end saydz/
Çok fazla kısaltmayın.	**Don't cut it too short.** /dount kat it tu: şo:t/

Sakalımı (bıyığımı) düzeltir misiniz?	**Can you trim my beard (moustache)?** /ken yu trim may biıd (mı'sta:ş)/
Lütfen saçımı yıkayınız.	**Please wash my hair.** /pli:z woş may heı/
Ortadan ayırınız, lütfen.	**Part it in the middle, please.** /pa:t it in dı midıl pli:z/
Saçıma bir şey sürmeyiniz.	**Don't put anything on my hair.** /dount put 'eniting on may heı/
Başınızı sağa (sola) çevirin.	**Please turn your head to the right (left).** /pli:z tö:n yo: hed tu dı rayt (left)/
Aşağı bakın.	**Look down.** /luk daun/
Hareket etmeyin.	**Hold still.** /hould stil/
Borcum ne kadar?	**How much do I owe?** /hau maç du ay ou/

SÖZCÜKLER

bahşiş	**tip** /tip/
bıyık	**moustache** /mı'sta:ş/
briyantin	**brilliantine** /'briliınti:n/
dalgalı (saç)	**wavy (hair)** /weyvi (heı)/
deodoran	**deodorant** /di:'oudırınt/
düz (saç)	**straight (hair)** /streyt (heı)/

favori	**sideboards** /'saydbo:dz/
jilet	**safety-razor** /'seyfti 'reyzı/
jilet bıçağı	**razor blade** /'reyzı bleyd/
kepek	**dandruff** /'dendraf/
kesmek	**to cut** /tu kat/
kısaltmak	**to shorten** /tu şo:tın/
kıvırcık (saç)	**curly (hair)** /kö:li (heı)/
kolonya	**Eau de Cologne** /ou dö: kı'loun/
peruk	**wig** /wig/
sabun	**soap** /soup/
saç	**hair** /heı/
saç fırçası	**hair brush** /heı braş/
saç kurutma makinesi	**hair dryer** /heı drayı/
saç tıraşı	**haircut** /heıkat/
sakal	**beard** /biıd/
sakal tıraşı	**shave** /şeyv/
sarı (saç)	**blonde (hair)** /blond (heı)/
şampuan	**shampoo** /şem'pu:/
taramak	**to comb** /tu koum/
tıraş losyonu	**after shave** /'aftı şeyv/
ustura	**razor** /reyzı/

KADIN BERBERİNDE

Buralarda bir kadın berberi var mı?	**Is there a hairdresser's near here?** /iz deı ı 'heıdresız niı hiı/
Yarın için randevu alabilir miyim?	**Can I make an appointment for tomorrow?** /ken ay meyk ın ı'poyntmınt fı tı'morou/
Saat kaça kadar açıksınız?	**How late are you open?** /hau leyt a: yu oupın/
Acelem var. Çok bekleyecek miyim?	**I'm in a hurry. Must I wait long?** /aym in ı hari mast ay weyt long/
Ne kadar bekleyeceğim?	**How long must I wait?** /hau long mast ay weyt/
Saç yıkama, lütfen.	**Hairwash, please.** /'heıwoş pli:z/
Çok sıcak suyla yıkamayın.	**Don't wash with very hot water.** /dount woş wid 'veri hot 'wo:tı/
Şampuan ve kurutma lütfen	**Shampoo and blow dry, please.** /şem'pu: ınd blou dray pli:z/
Akşam için saçımı yaptırmak istiyorum.	**I'd like a hairdo for the evening.** /ayd layk ı 'heıdu fı di 'i:vning/

Saçımı kestirmek istiyorum.	**I'd like to have my hair cut.** /ayd layk tı hev may heı kat/
Grileri rötuş yapabilir misiniz?	**Can you touch up the gray?** /ken you taç ap dı grey/
Lütfen arkadan biraz kesiniz.	**Please cut a little off the back.** /pli:z kat ı litıl of dı bek/
Saçımı siyaha (kumrala ...) boyatmak istiyorum.	**I want my hair dyed black (light brown ...).** /ay wont may heı dayd blek (layt braun ...)/
... istiyorum.	**I want ...** /ay wont/
Bu çok açık (koyu).	**This is too light (dark).** /dis iz tu: layt (da:k)/
Manikür (pedikür), lütfen.	**Manicure (pedicure), please.** /'menikiu: ('pedikiu:) pli:z/
Kaşlarımı düzeltir misiniz?	**Could you tidy up my eyebrows?** /kud yu 'taydi ap may 'aybrauz/
Uzun kalsın.	**Leave it long.** /li:v it long/
Kısa bir saç modeli istiyorum.	**I want a short hair style.** /ay wont ı şo:t heı stayl/
Biraz daha kesebilir misiniz, lütfen?	**Could you cut it a bit shorter, please?** /kud yu kat it ı bit 'şo:tı pli:z/
Sadece uçlarından alın, lütfen.	**Just trim the ends, please.** /cast trim di endz pli:z/

Perma yaptırmak istiyorum.	**I'd like a perm.** /ayd layk ı pö:m/

SÖZCÜKLER

ayna	**mirror** /mirı/
bahşiş	**tip** /tip/
bukle	**curl** /kö:l/
cila	**polish** /poliş/
dalga	**wave** /weyv/
dalgalı (saç)	**wavy (hair)** /weyvi (heı)/
deodoran	**deodorant** /di:'oudırınt/
düz (saç)	**straight (hair)** /streyt (heı)/
far	**eye shadow** /ay 'şedou/
fırça	**brush** /braş/
göz kalemi	**eye pencil** /ay 'pensıl/
güzellik salonu	**beauty salon** /'byu:ti 'selo:n/
kepek	**dandruff** /'dendraf/
kesmek	**to cut** /tu kat/
kıl yokedici	**hair remover** /heı rimu:vı/
kısa	**short** /şo:t/
kısaltmak	**to shorten** /tu şo:tın/
kıvırcık (saç)	**curly (hair)** /kö:li (heı)/
kumral (saç)	**fair (hair)** /feı (heı)/

makas	**scissors** /sizız/
makyaj	**make up** /meyk ap/
makyaj yapmak	**to make up** /tu meyk ap/
manikür	**manicure** /'menikiu:/
oje	**nail varnish** /neyl va:niş/
parfüm	**perfume** /'pö:fyu:m/
pedikür	**pedicure** /'pedikiu:/
perma	**perm** /pö:m/
peruk	**wig** /wig/
pudra	**powder** /paudı/
ruj	**lipstick** /lipstik/
sabun	**soap** /soup/
saç biçimi	**hair style** /'heıstayl/
saç boyası	**hair dye** /heı day/
saç fırçalamak	**to brush hair** /tu braş heı/
saç fırçası	**hair brush** /heı braş/
saç köpüğü	**hair foam** /heı foum/
saç kremi	**hair cream** /heı kri:m/
saç kurutma makinesi	**hair dryer** /heı dra:yı/
saç tokası	**hairpin** /'heı pin/
saç, kıl	**hair** /heı/
sarı (saç)	**blonde (hair)** /blond (heı)/
sarışın, sarı	**blonde** /blond/

siyah	**black** /blek/
şampuan	**shampoo** /şem'pu:/
tarak	**comb** /koum/
taramak	**to comb** /tu koum/
tırnak	**nail** /neyl/
tırnak cilası	**nail polish** /neyl poliş/
tırnak makası	**nail clippers** /neyl 'klipız/
tırnak törpüsü	**nail file** /neyl fayl/
tuvalet sabunu	**bath soap** /ba:t soup/
uzun	**long** /long/
yağlı	**greasy** /'gri:si/

Yüzme
Spor
Müzik, dans
Radyo, televizton

Bölüm 8

Spor ve Eğlence

YÜZME

Burada bir plaj var mı?	**Is there a beach here?** /iz **deı** ı bi:ç hiı/
En yakın plaj nerede?	**Where is the nearest beach?** /weı iz **dı** 'niırist bi:ç/
Buralarda bir yüzme havuzu var mı?	**Is there a swimming pool around here?** /iz **deı** ı 'swiming pu:l ı'raund hiı/
Nerede yüzebiliriz?	**Where can we swim?** /weı k**e**n wi swim/
Su derin mi?	**Is the water deep?** /iz **dı** w**o**:tı di:p/

Çocuklar için tehlikeli mi?	**Is it dangerous for children?** /iz it 'deyncırıs f**o**: 'çildrın/
Bir sandal kiralamak istiyorum.	**I'd like to hire a boat.** /ayd layk tu 'hayı ı bout/
Su kayağı yapmak istiyorum.	**I'd like to go water-skiing.** /ayd layk tu gou 'w**o**:tıski:ing/
Nerede balık avlanabilir?	**Where can I go fishing?** /weı k**e**n ay gou 'fişing/

SPOR

Bugün ... takımı ile ... takımı oynuyor.	**Today ... team is playing ... team.** /tı'dey ... ti:m iz 'pleying ... ti:m/
Hangi takımı tutuyorsunuz?	**Which team do you support?** /wiç ti:m du yu sı'po:t/
Ben ... takımını tutuyorum.	**I support ... team.** /ay sı'po:t ... ti:m/
Futbol (basketbol ...) maçı ne zaman?	**When is the football (basketball ...) match?** /wen iz dı 'futbo:l ('ba:skitbo:l ...) meç/
Maçı (yarışı) seyretmek istiyorum.	**I want to watch the match (race).** /ay wont tu woç dı meç (reys)/
Maç kaç kaç? (Skor ne?)	**What's the score?** /wots dı sko:/
Gol!	**Goal!** /goul/
Hangi sporları seviyorsunuz?	**What sport do you like?** /wot spo:t du yu layk/
... oynarım (severim).	**I like ...** /ay layk/
... ya meraklıyım.	**I'm keen on ...** /aym ki:n on .../

Boş zamanlarımda ... oynarım.	**I play ... in my spare time.** /ay pley ... in may 'speı taym/
Sporla pek ilgilenmem.	**I'm not that much interested in sports.** /aym not det maç 'intristid in 'spo:ts/
TV'de spor seyreder misiniz?	**Do you watch sports on TV?** /du yu woç spo:ts on ti:'vi:/
Kim yeniyor?	**Who's winning?** /hu:z 'wining/

SÖZCÜKLER

deniz mevsimi	**bathing season** /beyding si:zın/
banyo	**bath** /ba:t/
banyo yapmak	**to have a bath** /tu hev ı ba:t/
bone	**bonnet** /bonit/
bornoz	**bath towel** /ba:t tauıl/
buhar banyosu	**steam bath** /sti:m ba:t/
deniz	**sea** /si:/
duş	**shower** /şauwı/
duş yapmak	**to have a shower** /tu hev ı şauwı/
güneş	**sun** /san/
güneş banyosu	**sunbathing** /sanbeyding/

havlu	**towel** /tauıl/
kum	**sand** /send/
mayo	**bathing suit** /bey**d**ing su:t/
plaj	**beach** /bi:ç/
sıcak banyo	**hot bath** /hot ba:**t**/
soğuk banyo	**cold bath** /kould ba:**t**/
yüzmek	**to swim** /tu swim/

MÜZİK, DANS

Nerede dans edebiliriz?	**Where can we dance?** /weı ken wi da:ns/
Bu akşam bir şey yapıyor musunuz?	**Are you doing anything this evening?** /a: yu 'duing 'eniting dis 'i:vning/
Burada nerede bir gece kulübü var?	**Where is there a night club here?** /weı iz deı ı nayt klab hiı/
Sizi ... ya davet edebilir miyim?	**May I invite you to ...?** /mey ay in'vayt yu tu .../
Nerede buluşalım?	**Where shall we meet?** /weı şel wi mi:t/
Çok iyi dans ediyorsunuz.	**You dance very well.** /yu da:ns 'veri wel/
... da buluşalım mı?	**Shall we meet at ...?** /şel wi mi:t et .../
... nın önünde buluşalım.	**Let's meet in front of ...** /lets mi:t in frant ov .../
Saat kaçta buluşalım?	**What time shall we meet?** /wot taym şel wi mi:t/
Sizi otelden (evden) alırım.	**I'll pick you up at the hotel (home).** /ayl pik yu ap et dı hou'tel (houm)/

Size katılabilir miyim?	**May I join you?** /mey ay coyn yu/
Yanınıza oturabilir miyim?	**May I sit near you?** /mey ay sit nii yu/
Buraya sık gelir misiniz?	**Do you often come here?** /du yu 'ofın kam hii/
Buralarda bir diskotek var mı?	**Is there a disco here?** /iz deı ı 'diskou hiı/
Dans etmeyi sever misiniz?	**Do you like dancing?** /du yu layk da:nsing/
Dans etmiyor musunuz?	**Aren't you dancing?** /a:nt yu da:nsing/
Benimle dans eder misiniz?	**Would you like to dance with me?** /wud yu layk tu da:ns wid mi/
Teşekkür ederim, dans etmiyorum.	**Thank you, I don't dance.** /tenk yu ay dount da:ns/
Bir daha dans edelim mi?	**Shall we have another dance?** /şel wi hev ı'nadı da:ns/
Bu kıyafet size çok yakışmış.	**This dress suits you very well.** /dis dres syu:ts yu 'veri well/
Eğleniyor musunuz?	**Are you enjoying yourself?** /a: yu in'coying yı'self/
Çok iyi vakit geçirdik.	**We had a great time.** /wi hed ı greyt taym/
Bir sigara alır mıydınız?	**Would you like a cigarette?** /wud yu layk ı sigı'ret/

Hayır, sağ olun, kullanmıyorum. (Sigara içmiyorum.)	**No, thank you, I don't smoke.** /nou **te**nk yu ay dount smouk/
Sizi eve bırakabilir miyim?	**Can I take you home?** /k**e**n ay teyk yu houm/
Tekrar ne zaman görüşebiliriz?	**When can we meet again?** /wen k**e**n wi mi:t **ı**'gen/
Bu güzel akşam için çok teşekkür ederim.	**Thank you very much for the pleasant vening.** /**te**nk yu 'veri maç f**o:** **dı** 'plezınt 'i:vning/
Partide iyi vakit geçirdiniz mi?	**Did you have a good time at the party?** /did yu h**e**v **ı** gud taym **et** **dı** pa:ti/

RADYO, TELEVİZYON

Bu akşam televizyonda ne var?	**What's on television tonight?** /wots on 'telivijın tı'nayt/
Bu akşam ne var?	**What's on tonight?** /wots on tı'nayt/
Kanal beşte ne var?	**What's on channel five?** /wots on 'çenıl fayv/
Macera filmi var.	**There is an adventure film on.** /deı iz ın ıd'vençı film on/
Film saat 9'da.	**The film is on at 9.** /dı film iz on et nayn/
Haberler saat kaçta?	**What time is the news?** /wot taym iz dı nyu:z/
Hangi kanalı seyrediyorsunuz?	**Which channel do you watch?** /wiç 'çenıl du yu woç/
Bu hangi kanal?	**What channel is this?** /wot 'çenıl iz dis/
Televizyon rehberi nerede?	**Where is the TV guide?** /weı iz dı ti:'vi: gayd/
Neden radyo dinlemiyorsun?	**Why don't you listen to the radio?** /way dount yu 'lisın tu dı 'reydiou/
Pop müzik dinlemek istiyorum.	**I want to listen to pop music.** /ay wont tu 'lisın tu pop 'myu:zik/

Bu akşam maç hangi kanalda?	**Which channel is the match on tonight?** /wiç 'çenıl iz **dı** meç **o**n tı'nayt/
Bir kanalda kal.	**Stick to one channel.** /stik tu wan 'çenıl/
Zaping yapmayı bırak.	**Stop flipping channels.** /st**o**p 'fliping 'çenıls/
Kanalı değiştirelim.	**Let's change the channel.** /lets çeync **dı** 'çenıl/
Kumanda nerede?	**Where is the remote?** /weı iz **dı** ri'mout/

A – Z

Bölüm 9
Lügatçe

LÜGATÇE

A

abanoz	**ebony** /'ebıni/
acele etmek	**hurry** /'hari/
acı biber	**hot pepper** /hot 'pepı/
acıkmak	**be hungry** /bi 'hangri/
acımasız	**heartless** /'ha:tlis/
açgözlü	**greedy** /'gri:di/
açı	**angle** /'engıl/
açık	**open** /'oupın/
açık *(renk)*	**light *(colour)*** /layt *('kalı)*/
açıklamak	**explain** /ik'spleyn/
açıksözlü	**frank** /frenk/
açmak *(kapı, pencere, vb)*	**open** /oupın/
açmak *(ışık, radyo, vb)*	**switch (turn) on** /swiç (tö:n) on/
ada	**island** /'aylınd/
adamak	**devote** /di'vout/
adım atmak	**step** /step/
adil, dürüst	**just** /cast/
adliye	**court** /ko:t/
adres	**address** /'ıdres/
aerobik	**aerobatics** /'eırıbetiks/

affetmek	**forgive** /fı'giv/
Afganistan	**Afghanistan** /ef'genisten/
Afrika	**Africa** /'efrikı/
ağaçkakan	**woodpecker** /'wudpekı/
ağız	**mouth** /maut/
ağız mızıkası	**mouth organ** /maut 'o:gın/
ağlamak	**cry, weep** /kray, wi:p/
ağrı	**ache** /eyk/
ağrı kesici	**painkiller** /'peynkilı/
ağustos	**August** /'o:gıst/
ahçı	**cook** /kuk/
ahtapot	**octopus** /'oktıpıs/
aile	**family** /'femıli/
ait olmak	**belong to** /bi'long tu/
ajanda	**diary** /'dayıri/
akademi	**academy** /ı'kedımi/
akbaba	**vulture** /'valçı/
akciğer	**lung** /lang/
akıllı	**clever** /'klevı/
akik	**agate** /'egıt/
aklı başında	**sensible** /'sensıbıl/
akmak *(sıvı)*	**flow** /flou/
akordiyon	**accordion** /ı'ko:diın/

akraba	**relation** /ri'leyşın/
akrep	**scorpion** /'sko:piın/
aks	**axle** /'eksıl/
aksesuar	**accessory** /ık'sesıri/
aksırık	**sneeze** /sni:z/
akşam	**evening** /'i:vning/
aktarma	**change** /çeync/
aktör	**actor** /'ektı/
aktris	**actress** /'ektris/
akustik gitar	**acoustic guitar** /ı'ku:stik gi'ta:/
akü	**battery** /'betıri/
alabalık	**trout** /traut/
alacakaranlık	**twilight** /'twaylayt/
alay etmek	**make fun of** /meyk fan ov/
alçakgönüllü	**humble** /'hambıl/
aldırmak	**mind** /maynd/
aldırmamak	**ignore** /ig'no:/
alerji	**allergy** /'elıci/
alet	**tool** /tu:l/
alet kutusu	**tool box** /tu:l 'boks/
alıcı	**receiver** /'risi:vı/
alın	**forehead** /'fo:hed/
alışveriş merkezi	**shopping centre** /'şoping sentı/

alkış	**applause** /ı'plo:z/
alkışlamak	**applaud** /ı'plo:d/
alkollü içki	**alcoholic drink** /elkı'holik drink/
almak	**take, get** /teyk, get/
Alman markı	**German mark** /'cö:mın ma:k/
Almanca	**German** /'cö:mın/
Almanya	**Germany** /'cö:mıni/
alt	**bottom** /'botım/
altgeçit	**underpass** /'andıpa:s/
altı	**six** /siks/
altın	**gold** /gould/
altın kaplama	**gold plated** /'gould 'pleytid/
altın rengi	**golden** /'gouldın/
altıncı	**sixth** /sikst/
altında, altına	**under** /'andı/
altimetre	**altimetre** /'eltimi:tı/
altmış	**sixty** /'siksti/
altmışıncı	**sixtieth** /'sikstiıt/
alyans	**wedding ring** /'weding ring/
amatör	**amateur** /'emıtı/
amber	**amber** /'embı/
ambulans	**ambulance** /'embyulıns/
amca, dayı	**uncle** /'ankıl/

ameliyat	**operation** /opı'reyşın/
Amerika	**the States** /dı steyts/
Amerikan doları	**American dollar** /'ımerikın dolı/
Amerikan salatası	**Russian salad** /'raşın 'selıd/
ametist	**amethyst** /'emitist/
amfibi	**amphibian** /em'fibiın/
amortisör	**shock absorber** /'şok ıbzo:bı/
ampul	**bulb** /balb/
ana cadde	**main street** /meyn stri:t/
ana güverte	**main deck** /meyn dek/
anahtar	**key** /ki:/
anahtarlık	**key ring** /ki: ring/
ananas	**pineapple** /'paynepıl/
anaokulu	**kindergarten** /'kindıga:tın/
anemi	**anaemia** /ı'ni:miı/
anıt	**monument** /'monyu:mınt/
anlamak	**understand** /andı'stend/
anlaşmak	**agree** /ı'gri:/
anne	**mother** /'madı/
anneanne	**grandmother** /'grenmadı/
anorak	**anorak** /'enırek/
anormal	**abnormal** /eb'no:mıl/
Antarktika	**Antarctica** /en'ta:ktikı/

anten	**aerial** /eıriıl/
antilop	**antelope** /'entiloup/
antiseptik	**antiseptic** /enti'septik/
antrenör	**trainer** /'treynı/
apandisit	**appendicitis** /'ıpendisaytiz/
apartman	**apartment house** /ı'pa:tmınt haus/
apse	**abscess** /'ebses/
aptal	**stupid** /'styu:pid/
ara, antrakt	**interval** /'intıvıl/
araba	**car, motorcar** /ka:, 'moutıka:/
araba yarışı	**car racing** /ka: 'reysing/
arabalı vapur	**ferry** /'feri/
araç	**vehicle** /'vi:ikıl/
aralarında	**among** /ı'mang/
aralık	**December** /di'sembı/
aramak	**look for** /luk fo:/
arasında	**between** /bi'twi:n/
araştırmak	**search, seek** /sö:ç, si:k/
ardından	**after** /'a:ftı/
arı	**bee** /bi:/
Arjantin	**Argentina** /a:cın'ti:nı/
arka	**back** /bek/
arkacam	**back window** /bek windou/

arkadaş canlısı	**friendly** /'frendli/
arkasında	**behind** /bi'haynd/
arkeolog	**archaeologist** /a:ki'olıcist/
armut	**pear** /peı/
Arnavutluk	**Albania** /el'beyniı/
arp	**harp** /ha:p/
artı	**plus** /plas/
artırmak	**increase** /in'kri:s/
arzu etmek	**desire** /di'zayı/
asi	**rebellious** /ri'belyıs/
asker	**soldier** /'soulcı/
askere almak	**enlist** /in'list/
asla	**never** /nevı/
aslan	**lion** /'layın/
asmak	**hang** /heng/
aspirin	**aspirin** /'espirin/
Asya	**Asia** /'eyşı/
aşağı	**down** /daun/
aşağısında	**below** /bi'lou/
âşık olmak	**fall in love** /fo:l in lav/
aşk filmi	**love story** /lav 'sto:ri/
at	**horse** /ho:s/
at arabası	**cart** /ka:t/

at yarışı	**horse racing** /ho:s 'reysing/
ata	**ancestor** /'ensıstı/
atardamar	**artery** /'a:tıri/
ataş	**paper clip** /'peypı klip/
ateş *(hastalık)*	**fever** /'fi:vı/
ateş etmek	**shoot** /şu:t/
ateşböceği	**firefly** /'fayıflay/
atıcılık	**shooting** /'şu:ting/
atlamak	**jump** /camp/
atlet	**athlete** /'etli:t/
atletizm	**athletics** /et'letiks/
atmaca	**hawk** /ho:k/
atmak	**throw** /trou/
atmosfer	**atmosphere** /'etmısfiı/
avcılık	**hunting** /'hanting/
avize	**chandelier** /şendi'liı/
Avrupa	**Europe** /'yuırıp/
avuç içi, aya	**palm** /pa:m/
avukat	**lawyer** /'lo:yı/
Avustralya	**Australia** /'ostreyliı/
Avusturya şilini	**Austrian schilling** /'ostriın şil-ing/
ay *(30-31 gün)*	**month** /mant/
ay *(gökteki)*	**moon** /mu:n/

ayak	**foot** /fu:t/
ayak parmağı	**toe** /tou/
ayakkabı	**shoes** /şu:z/
ayakta durmak	**stand up** /stend ap/
ayarlamak	**adjust** /ı'cast/
aydınlık	**light** /layt/
aygır	**stallion** /'steliın/
ayı	**bear** /beı/
ayıplamak	**condemn** /kın'dem/
ayırmak	**separate** /'sepıreyt/
ayırt etmek	**distinguish** /di'stingwiş/
ayna	**mirror** /'mirı/
ayran	**diluted yoghurt** /'daylu:tid yogıt/
ayrılmak	**leave** /li:v/
ayva	**quince** /kwins/
azaltmak	**reduce, decrease** /ri'dyu:s, di'kri:s/

B

baba	**father** /'fa:dı/
baca	**chimney** /'çimni/
bacak	**leg** /leg/
bademcikler	**tonsils** /'tonsilz/
badminton	**badminton** /'bedmintın/

bagaj	**trunk, boot** /trank, bu:t/
bağımsız	**independent** /indi'pendınt/
bağırmak	**shout** /şaut/
bağırsaklar	**intestines** /in'testinz/
bağlamak	**tie** /tay/
bağlantı	**connection** /kı'nekşın/
bağnaz	**narrow-minded** /nerou'mayndid/
baharat	**spice** /spays/
bahçe	**garden** /'ga:dın/
bahçıvan beli	**spade** /speyd/
bahse girmek	**bet** /bet/
bakanlık	**ministry** /'ministri/
bakara	**baccarat** /'bekıra:/
bakkal	**grocer** /'grousı/
bakla	**broad beans** /broud bi:nz/
balarısı	**honey bee** /hani bi:/
balata	**brake lining** /'breyk layning/
baldır	**calf** /ka:f/
baldız	**sister-in-law** /'sistırinlo:/
bale	**ballet** /'beley/
balık	**fish** /fiş/
balık etli	**plump** /'plamp/
balıkçı	**fisherman** /'fişımın/

balıkçı gemisi	**trawler** /'troulı/
balıkçılık	**fishing** /fişing/
balıketi	**plump** /'plamp/
balina	**whale** /weiyl/
balkon	**balcony** /'belkıni/
balo	**ball, dance** /bo:l, da:ns/
balo salonu	**ball room** /'bo:lrum/
balon	**balloon** /bı'lu:n/
balta	**axe** /eks/
bamya	**gumbo** /'gambou/
bando	**band** /bend/
banka	**bank** /benk/
bankacı	**bank official** /benk 'ıfişıl/
banliyö treni	**suburban train** /sı'bö:bın treyn/
banyo	**bathroom** /'ba:trum/
bar	**bar** /ba:/
barbunya	**red mullet** /red 'malit/
barbunya pilaki	**red bean salad** /red bi:n 'selıd/
bariton	**baritone** /'beritoun/
barmen	**barman** /'ba:mın/
barmeyd	**barmaid** /'ba:meyd/
barometer	**barometre** /bı'romitı/
bas	**bass** /beys/

basketbol	**basketball** /'ba:skitbo:l/
basmak *(kitap)*	**print** /print/
bastırmak	**press** /pres/
baş	**head** /hed/
baş ağrısı	**headache** /'hedeyk/
baş ağrısı hapı	**headache pill** /'hedeyk pil/
baş dönmesi	**dizziness** /'dizinis/
baş kamarot	**chief steward** /çi:f styuıd/
başaramamak	**fail** /feyl/
başarmak	**succeed** /sık'si:d/
başına gelmek	**happen** /'hepın/
başlama	**beginning, start** /bi'gining, sta:t/
başlamak	**start, begin** /sta:t, bi'gin/
başörtüsü	**headscarf** /'hedska:f/
başparmak	**thumb** /tam/
başrol	**leading role** /'li:ding roul/
batı	**west** /west/
batıl inançlı	**superstitious** /su:pı'stişıs/
batmak	**sink** /sink/
battaniye	**blanket** /'blenkit/
bavul, valiz	**baggage** /'begic/
Bay	**Mr.** /'mistı/
Bayan *(bekâr)*	**Miss** /mis/

Bayan *(evli)*	**Mrs.** /'misiz/
Bayan	**Ms.** /mız/
bayat	**stale** /'steyl/
bayılmak	**faint** /feynt/
baykuş	**owl** /aul/
bayrak	**flag** /fleg/
bazen	**sometimes** /'samtaymz/
bebek	**baby** /'beybi/
bebeklik	**babyhood** /'beybihud/
becerikli	**skillful** /'skilful/
beden	**body** /'badi/
beden eğitimi	**physical education** /'fizikıl ecı'keyşın/
bej	**beige** /beyj/
bekâr	**single, bachelor** /'singıl, 'beçılı/
bekleme salonu	**waiting room** /'weyting rum/
beklemek	**wait** /weyt/
bel	**waist** /weyst/
Belçika	**Belgium** /'belcım/
belediye binası	**town hall** /taun ho:l/
belgesel	**documentary** /dokyu'mentıri/
bemol	**flat** /flet/
ben	**beauty spot** /'byu:itispot/
bencil	**selfish** /selfiş/

benzemek	**look like** /luk layk/
benzin filtresi	**petrol filter** /'petrıl filtı/
benzin istasyonu	**petrol station** /'petrıl 'steyşın/
benzin pompası	**petrol pump** /'petrıl pamp/
benzin tankeri	**tanker** /'tenkı/
beraberlik	**draw** /dro:/
berbat, rezil	**awful** /'o:fıl/
berber	**barber** /'ba:bı/
beslemek	**feed** /fi:d/
besteci	**composer** /kım'pouzı/
beş	**five** /fayv/
beş yıldızlı otel	**five star hotel** /fayv sta: hou'tel/
beşinci	**fifth** /fift/
beyaz	**white** /wayt/
beyaz perde	**white screen** /wayt skri:n/
beyaz peynir	**white cheese** /wayt çi:z/
beyaz şarap	**white wine** /wayt wayn/
beyin	**brain** /breyn/
beyin salatası	**brain salad** /breyn 'selıd/
beyin tava	**fried brain** /frayd breyn/
beyzbol	**baseball** /'beysbo:l/
bez, gudde	**gland** /glend/
bezelye	**peas** /pi:z/

bezelye çorbası	**pea soup** /pi: su:p/
bıçak	**knife** /nayf/
bıyık	**moustache** /mıs'ta:ş/
biber	**pepper** /pepı/
biber turşusu	**pickled peppers** /'pikıld 'pepız/
biberlik	**pepperpot** /'pepıpot/
biçim	**style** /'stayl/
biçim vermek	**form** /fo:m/
biftek	**steak** /steyk/
bikini	**bikini** /bi'kini/
bilardo	**billiards** /'bilyıdz/
bildirmek	**report** /ri'po:t/
bilek	**wrist** /rist/
bilek güreşi	**wrist wrestling** /rist 'resling/
bilet	**ticket** /'tikit/
bilezik	**bracelet** /'breyslit/
bilgi almak	**inquire** /in'kwayı/
bilgilendirmek	**inform** /in'fo:m/
bilgili	**learned** /'lö:nd/
bilgisayar	**computer** /kım'pyu:tı/
bilim adamı	**scientist** /'sayıntist/
bilim kurgu	**science fiction** /'sayns 'fikşın/
bilmek	**know** /nou/

bin	**one thousand** /wan 'tauzınd/
binicilik	**horse riding** /ho:s rayding/
bininci	**one thousandth** /wan 'tauzındt/
binmek *(at, bisiklet)*	**ride** /rayd/
binmek *(taşıta)*	**get on** /get on/
bir	**one** /wan/
bira	**beer** /biı/
birahane	**pub** /pab/
birey	**individual** /indi'vicu:ıl/
birinci	**first** /fö:st/
birinci kat	**first floor** /fö:st flo:/
birinci mevki	**first class** /fö:st kla:s/
birleştirmek	**join, unite** /coyn, yu:nayt/
bisiklet	**bicycle** /'baysikıl/
bit	**louse** /laus/
bitirmek	**finish, end** /'finiş, end/
biyoloji	**biology** /bay'olıci/
bizon	**bison** /'baysın/
blöf yapmak	**bluff** /blaf/
blucin	**bluejeans** /'blu:ci:nz/
blucin kumaşı	**denim** /'denim/
bluz	**blouse** /blauz/
bodur	**thickset** /tik'set/

boğa	**bull** /bul/
boğaz	**strait** /streyt/
boğaz ağrısı	**sore throat** /so: trout/
boğulmak	**drown** /draun/
boks	**boxing** /'boksing/
bol *(elbise)*	**loose** /lu:s/
Bolivya	**Bolivia** /bı'liviı/
boncuk	**beads** /bi:dz/
bonfile	**fillet of beef** /'filit ov bi:f/
bora	**gale** /geyl/
borçlu olmak	**owe** /ou/
bornoz	**bathrobe** /'ba:troub/
borsa	**stock exchange** /stok ik-s'çeync/
boş	**empty** /'empti/
boşaltmak	**empty** /'empti/
boy	**length** /lengt/
boya	**paint** /peynt/
boya fırçası	**paint brush** /peynt braş/
boyacı	**house painter** /haus 'peintı/
boyalı	**dyed** /dayd/
boyamak	**paint** /peynt/
boyunca	**along** /ı'long/
bozuk para	**small change** /smo:l çeync/

böbrek	**kidney** /'kidni/
böbrek taşları	**kidney-stones** /'kidnistounz/
böbürlenmek	**boast** /boust/
böcek	**bug** /bag/
böcek sokması	**insect bite** /'insekt bayt/
böf strogonof	**beef strogunoff** /bi:f 'stro:gınof/
böğürtlen	**blackberry** /'blekberi/
bölmek	**divide** /di'vayd/
bölü	**divided by** /di'vaydid bay/
börülce	**black-eyed beans** /blekayd bi:nz/
brendi	**brandy** /'brendi/
Brezilya	**Brazil** /brı'zil/
briç	**bridge** /bric/
brokoli	**broccoli** /'brokıli/
bronşit	**bronchitis** /brong'kaytis/
bronz	**bronze** /bronz/
bufalo	**buffalo** /'bafılou/
bugün	**today** /tı'dey/
buğulama	**steamed** /sti:md/
buharlı gemi	**steamer** /'sti:mı/
buji	**spark plug** /'spa:k plag/
bukalemun	**chameleon** /kı'mi:liın/

bulaşıcı	**infectious** /in'fekşıs/
bulaşık makinesi	**dishwasher** /'dişwoşı/
buldok	**bulldog** /'buldog/
Bulgaristan	**Bulgaria** /bal'geırii/
bulgur pilavı	**cracked wheat pilaf** /krekd wi:t pilef/
bulmak	**find** /faynd/
buluşmak	**meet** /mi:t/
bulut	**cloud** /klaud/
bulutlu	**cloudy** /'klaudi/
bulvar	**avenue** /'evınyu:/
burun	**nose** /nouz/
burun kanaması	**nose bleeding** /nouz 'bli:ding/
buz	**ice** /ays/
buz hokeyi	**ice hockey** /ays hoki/
buzdağı	**iceberg** /'aysbö:g/
buzdolabı	**refrigerator** /ri'fricıreytı/
buzlu çay	**minted ice tea** /'mintid ays ti:/
buzul	**glacier** /'glesiı/
büfe	**buffet** /bufey/
bükmek, eğmek	**bend** /bend/
bülbül	**nightingale** /'naytingeyl/
büyük	**big** /big/

büyük mağaza	**department store** /di'pa:tmınt sto:/
büyüleyici	**fascinating** /'fesineyting/
büyümek	**grow** /grou/

C

cadde	**street** /stri:t/
cahil, bilgisiz	**ignorant** /'ignırınt/
camcı	**glazier** /'gleyziı/
cami	**mosque** /mosk/
can atmak	**long for** /long fo:/
can simidi	**lifebuoy** /'layfboy/
can yeleği	**life-jacket** /'layfcekit/
canı istemek	**feel like** /fi:l layk/
canını sıkmak	**bore** /bo:/
canlı	**alive** /ı'layv/
cazibeli	**attractive** /ı'trektiv/
cebir	**algebra** /'elcibrı/
ceket	**jacket** /'cekit/
cenaze	**funeral** /'fyu:nırıl/
cep telefonu	**mobile phone** /moubayl foun/
cereyan	**draught** /dra:ft/
cerrah	**surgeon** /'sö:cın/
cesaret etmek	**dare** /deı/

ceset	**corpse** /ko:ps/
cesur	**brave** /breyv/
cetvel	**ruler** /'ru:lı/
cevap	**answer** /'a:nsı/
cevap vermek	**answer, reply** /a:nsı, ri'play/
ceylan	**gazelle** /gı'zel/
ceza	**fine** /fayn/
Cezayir	**Algeria** /el'ciıriı/
cezve	**coffee pot** /'kofi pot/
cılız	**skinny** /'skini/
cımbız	**tweezers** /'twi:zız/
cırcırböceği	**cricket** /'krikit/
ciğer	**liver** /'livı/
cilt hastalığı	**skin disease** /skin di'zi:z/
cilt, ten	**complexion** /kım'plekşın/
cimnastik	**gymnastics** /cim'nestiks/
cin	**gin** /cin/
cinsiyet	**sex** /seks/
cirit	**polo** /polou/
cirit atma	**javelin throw** /'cevlin trou/
civciv	**chick** /çik/
coğrafya	**geography** /ci'ogrıfi/
conta	**joint** /coynt/

cuma	**Friday** /'fraydi/
cumartesi	**Saturday** /'setıdi/
cüzdan *(erkek)*	**wallet** /wolit/
cüzdan *(kadın)*	**purse** /pö:s/

Ç

Çad	**Chad** /çed/
çağ, devir	**age** /eyc/
çağırmak	**call** /ko:l/
çakal	**jackal** /'ceko:l/
çakı	**penknife** /'pennayf/
çakmak	**lighter** /'laytı/
çalar saat	**alarm clock** /ı'la:m klok/
çalıkuşu	**wren** /ren/
çalışkan	**hard-working** /ha:d 'wö:king/
çalışma izni	**work permit** /wö:k 'pö:mit/
çalışma odası	**study** /'stadi/
çalışmak	**work** /wö:k/
çalmak *(müzik)*	**play** /pley/
çalmak *(zil)*	**ring** /ring/
çalmak, aşırmak	**steal** /sti:l/
çamaşır makinesi	**washing machine** /'woşing mı'şi:n/
çamurluk	**mudguard** /'madga:d/

çapa	**anchor** /'enkı/
çarpmak *(sayıları)*	**multiply by** /'maltiplay bay/
çarşaf	**bedsheet** /'bedşi:t/
çarşamba	**Wednesday** /'wenzdi/
çarter uçağı	**charter plane** /'ça:tıpleyn/
çatal	**fork** /fo:k/
çatı	**roof** /ru:f/
çay	**tea** /ti:/
çay bardağı	**tea glass** /'ti:gla:s/
çaydanlık	**teapot** /'ti:pot/
çekici	**attractive** /ı'trektiv/
çekiç	**hammer** /'hemı/
çekirge	**grasshopper** /'gra:shopı/
çekmek	**pull** /pul/
çello	**cello** /'çelou/
çene	**chin** /çin/
çengelliiğne	**safety pins** /'seyfti pinz/
çerçeve	**frame** /freym/
çevirme	**spit roasted** /spit 'roustıd/
çıban	**boil** /boyl/
çıkış	**exit** /'eksit/
çıtçıt	**press stud** /pres stad/
çiçek hastalığı	**smallpox** /'smo:lpoks/

çiçekçi	**florist** /'flo:rist/
çift	**pair** /peı/
çiftçi	**farmer** /'fa:mı/
çiftler	**doubles** /'dabılz/
çiğ	**raw** /ro:/
çiğdem	**crocus** /'kroukıs/
çil	**freckle** /'frekıl/
çilek	**strawberry** /'stro:bıri/
çilingir	**locksmith** /'loksmit/
Çin	**China** /'çaynı/
çirkin	**ugly** /'agli/
çiroz	**dried mackerel** /drayd 'mekrıl/
çit	**fence** /fens/
çita	**cheetah** /'çi:tı/
çivi	**nail** /neyl/
çiy, şebnem	**dew** /dyu:/
çizgi	**line** /layn/
çizgi film	**cartoon** /ka:'tu:n/
çizgili	**striped** /'straypt/
çizim	**drawing** /dro:ing/
çizme	**boots** /bu:ts/
çizmek	**draw** /dro:/
çoban	**shepherd** /şepıd/

çocuk	**child** /çayld/
çocuk bezi	**nappies** /'nepi:z/
çocuklar	**children** /'çildrın/
çocukluk	**childhood** /'çayldhud/
çok güzel	**beautiful** /'byu:tifıl/
çorap *(uzun)*	**stockings** /'stokingz/
çorap	**socks** /soks/
çorba	**soup** /su:p/
çöl	**desert** /'dezıt/
çöp sepeti	**waste bin** /'weystbin/
çözmek	**solve** /solv/
çulluk	**woodcock** /'wudkok/
çürük	**bruise** /bru:z/

D

dağ	**mountain** /'mauntin/
dağcılık	**mountaineering** /'mauntiniıring/
dağıtmak	**distribute** /di'stribyu:t/
dahil etmek	**include** /in'klu:d/
daima	**always** /'o:lweyz/
daire	**flat** /flet/
dakika	**minute** /'minit/
daktilo	**typewriter** /tayp'raytı/

daktilo etmek	**type** /tayp/
dalak	**spleen** /spli:n/
dalga	**wave** /weyv/
dalgın	**absent-minded** /ebsınt'mayndıd/
dalmak	**dive** /dayv/
dama	**draughts** /'dra:fts/
damak	**palate** /'pelıt/
damar	**vein** /veyn/
damat	**bridegroom** /'braydgrum/
damla	**drop** /'drop/
dana file	**fillet of veal** /'filit ov vi:l/
dana pirzola	**veal cutlets** /vi:l 'katlits/
danışma	**information** /infı'meyşın/
danışma bürosu	**information office** /infı'meyşın 'ofis/
danışmak	**consult** /kın'salt/
danışman	**consultant** /kın'saltınt/
Danimarka	**Denmark** /'denma:k/
dans	**dance** /da:ns/
dans orkestrası	**dance band** /da:ns bend/
dansetmek	**dance** /da:ns/
dansöz, dansçı	**dancer** /'da:nsı/
dantel	**lace** /leys/

dar *(elbise)*	**tight** /tayt/
dar	**narrow** /'nerou/
dar açı	**acute angle** /ı'kyu:t 'engıl/
davet etmek	**invite** /in'vayt/
davranmak	**behave** /bi'heyv/
davul	**drum** /dram/
debriyaj	**clutch** /klaç/
debriyaj diski	**clutch plate** /klaç pleyt/
debriyaj pedalı	**clutch pedal** /klaç 'pedıl/
dede	**grandfather** /'grenfa:dı/
defter	**notebook** /'noutbuk/
değerli taş	**precious stone** /'preşıs stoun/
değiştirmek	**change** /çeync/
dekatlon	**decathlon** /'diketlon/
dekor	**set, scenery** /set, 'si:nıri/
dekoratör	**decorator** /'dekıreytı/
deli, çılgın	**mad, crazy** /med, 'kreyzi/
delikli zımba	**hole punch** /houl panç/
demir testeresi	**hacksaw** /'hekso:/
demiryolu	**railway** /'reylwey/
demiryolu geçidi	**train crossing** /'treyn krosing/
denemek	**try** /tray/
denetlemek	**inspect** /in'spekt/

deneyimli	**experienced** /ik'spiriınst/
denge aleti	**balance beam** /'belıns bi:m/
deniz	**sea** /si:/
deniz feneri	**lighthouse** /'laythaus/
deniz kazası	**shipwreck** /'şiprek/
deniz tarağı	**clam** /klem/
deniz tutması	**seasickness** /'si:siknis/
denizaltı	**submarine** /sabmı'ri:n/
denizanası	**jellyfish** /'celifiş/
denizatı	**sea horse** /si: 'ho:s/
denizci	**sailor** /'seylı/
deodoran	**deodorant** /di:'oudırınt/
depozito	**deposit** /di'pozit/
dere	**brook** /bruk/
derece	**temperature** /'tempriçı/
deri *(cilt)*	**skin** /skin/
deri *(post)*	**leather** /'ledı/
deri takım	**leather suit** /'ledı su:t/
derin	**deep** /di:p/
derin dondurucu	**deep-freeze** /di:p'fri:z/
derinlik	**depth** /dept/
derli toplu	**tidy** /'taydi/
ders	**lesson** /'lesın/

desen	**design** /di'zayn/
desenli	**patterned** /'petınd/
desteklemek	**assist** /ı'sist/
devam etmek	**continue** /kın'tinyu:/
deve	**camel** /'kemıl/
devekuşu	**ostrich** /'ostric/
devlet okulu	**state school** /steyt sku:l/
dezenfektan	**disinfectant** /disin'fektınt/
dış kamara	**outside cabin** /'autsayd 'kebin/
dışında	**outside** /'autsayd/
difteri	**diphtheria** /dif'tirii/
dikdörtgen	**rectangle** /'rektengıl/
dikiş makinesi	**sewing machine** /'souing mı'şi:n/
dikiz aynası	**rear-view mirror** /riıvyu:'mirı/
dikkat etmek	**notice** /'noutis/
dikkatli	**careful** /'keıfıl/
dikkatsiz	**careless** /'keılıs/
dikmek	**sew** /sou/
dil	**tongue** /tang/
dilbalığı	**sole** /soul/
dilemek	**wish** /wiş/
dilim	**slice** /slays/
dilsiz	**dumb** /dam/

dinamo	**dynamo** /'daynımou/
dindar	**religious** /ri'licıs/
dindirmek *(acı)*	**relieve** /ri'li:v/
dinlemek	**listen** /'lisın/
dinlenmek	**rest** /rest/
diploma	**diploma** /di'ploumı/
direksiyon mili	**steering column** /'stiıring 'ko-lım/
dirsek	**elbow** /'elbou/
disk atma	**diskus throw** /diskıs trou/
disk jokey	**disc jockey** /'disk coki/
dispanser	**dispensary** /di'spensıri/
distribütör	**distributor** /di'stribyutı/
diş ağrısı	**toothache** /'tu:teyk/
diş fırçası	**toothbrush** /'tu:tbraş/
diş macunu	**toothpaste** /'tu:tpeyst/
dişçi	**dentist** /'dentist/
dişeti	**gums** /gamz/
diyet	**diet** /'dayıt/
diyez	**sharp** /şa:p/
diz	**knee** /ni:/
diz çökmek	**kneel** /ni:l/
dizanteri	**dysentery** /'disintri/
dizi film	**serial** /'siıriıl/

doğmak	**be born** /bi bo:n/
doğramak	**saw** /so:/
doğu	**east** /i:st/
doğum	**birth** /bö:t/
doğum günü	**birthday** /'bö:tdey/
doğum yeri	**place of birth** /pleys ov bö:t/
doksan	**ninety** /'naynti/
doksanıncı	**ninetieth** /'nayntiıt/
doktor	**doctor** /'doktı/
dokumak	**weave** /wi:v/
dokunmak	**touch** /taç/
dokuz	**nine** /nayn/
dokuzuncu	**ninth** /naynt/
dolap	**cupboard** /'kabıd/
doldurmak	**fill** /fil/
dolma	**stuffed** /'staft/
dolmakalem	**fountain pen** /'fauntin pen/
dolmuş	**shared taxi** /şeıd 'teksi/
dolmuş durağı	**shared taxi-stop** /şeıd 'teksi stop/
dolu	**full** /ful/
domates	**tomato** /tı'ma:tou/
domates çorbası	**tomato soup** /tı'ma:tou su:p/
domates salatası	**tomato salad** /tı'ma:tou 'selıd/

domates suyu	**tomato juice** /tı'ma'tou cu:s/
domates turşusu	**pickled tomatoes** /'pikıld tı'ma:touz/
domuz	**pig** /pig/
don	**frost** /frost/
dondurma	**ice cream** /'ayskri:m/
dosya	**file** /fayl/
dosya kâğıdı	**writing paper** /'rayting peypı/
dökmek	**pour, spill** /po:, spil/
dönem, sömestr	**semester** /si'mestı/
dönmek	**turn** /tö:n/
dördüncü	**fourth** /fo:t/
dört	**four** /fo:/
dört motorlu	**four-engined** /fo:r'encind/
dörtte bir	**quarter** /'kwo:tı/
döviz kuru	**exchange rate** /iks'çeync reyt/
dövmek	**beat** /bi:t/
dövüşmek	**fight** /fayt/
dram	**drama** /'dra:mı/
dua etmek	**pray** /prey/
dubleks	**duplex** /'du:pleks/
dudak	**lip** /lip/
dul *(erkek)*	**widower** /'widouı/
dul *(kadın)*	**widow** /'widou/

durmak	**stop** /stop/
duş	**shower** /'şauı/
dut	**mulberry** /’malbıri/
duvar	**wall** /wo:l/
duvar saati	**clock** /klok/
duyurmak	**announce** /ı'nauns/
düdüklü tencere	**pressure cooker** /'preşı kukı/
düğme	**button** /'batın/
dün	**yesterday** /'yestıdi/
Dünya	**Earth** /ö:t/
düşmek	**fall** /fo:l/
düşünmek	**think** /tink/
düşürmek	**drop** /drop/
düz	**plain** /'pleyn/
düz çizgi	**straight line** /streyt layn/
düzenlemek	**arrange** /ı'reync/
düzenli	**neat** /ni:t/
düzensiz	**untidy** /an'taydi/
düzine	**dozen** /'dazın/
düzleştirmek	**flatten** /fletın/

E

ebegümeci	**mallow** /’melou/
ebeveyn	**parents** /'peırınts/

eczacı	**chemist** /'kemist/
eczane	**chemist's** /'kemists/
edebiyat	**literature** /'litırıçı/
edepsiz	**nasty** /'na:sti/
eflatun	**violet** /'vayılıt/
egemen olmak	**dominate** /'domineyt/
egzoz borusu	**exhaust pipe** /ig'zost payp/
eğe	**file** /fayl/
eğitici film	**educational film** /edyu'keyşınıl film/
eğitmek	**educate** /'edyukeyt/
eğri	**curve** /kö:v/
ehliyet	**driving licence** /'drayving 'lay-sıns/
ekim	**October** /ok'toubı/
ekip biçmek	**cultivate** /'kaltiveyt/
eklem	**joint** /coynt/
eklemek	**add** /ed/
ekmeklik	**bread bin** /bred bin/
ekonomist	**economist** /i'konımist/
ekose	**checked** /çekt/
ekran	**screen** /skri:n/
eksantrik mili	**camshaft** /'kemşa:ft/
eksi	**minus** /'maynıs/

ekspres (tren)	**express (train)** /ik'spres treyn/
el	hand /hend/
el çantası	**handbag** /'hendbeg/
el kremi	**hand cream** /hend kri:m/
el losyonu	**hand lotion** /hend 'louşın/
elbise	**dress** /dres/
elbise askısı	**coat-hanger** /'kouthengı/
elbise cebi	**pocket** /'pokit/
elbise kenarı	**hem** /hem/
elbise kolu	**sleeve** /'sli:v/
elçilik	**embassy** /'embısi/
elde etmek	**acquire, obtain** /ı'kwayı, ıb'teyn/
eldiven	**gloves** /glavz/
elektrik santralı	**power station** /'pauı 'steyşın/
elektrik süpürgesi	**vacuum cleaner** /'vekyuım 'kıli:nı/
elektrikçi	**electrician** /ilek'trişın/
eliaçık, cömert	**generous** /'cenırıs/
elli	**fifty** /'fifti/
ellinci	**fiftieth** /'fiftiıt/
elma	**apple** /'epıl/
elma suyu	**apple juice** /'epıl cu:s/
elmas	**diamond** /'dayımınd/

emanet	**left luggage** /left lagic/
emekli	**retired** /ri'tayıd/
emlakçı	**real estate agent** /'riıl isteyt ey-cınt/
emmek	**suck** /sak/
emniyet kemeri	**safety belt** /'seyfti belt/
emretmek	**order** /'o:dı/
en	**width** /widt/
endişe etmek	**worry** /'wari/
endişeli	**worried** /'warid/
Endonezya	**Indonesia** /indı'ni:ziı/
engerek	**adder** /'edı/
enginar	**artichoke** /'a:tiçouk/
enstitü	**institute** /'instityu:t/
erik	**plum** /plam/
eritmek	**melt** /melt/
erkek	**man** /men/
erkek, eril	**male** /meyl/
erkek çocuk	**boy** /boy/
erkek kardeş	**brother** /'bradı/
erkekler	**men** /men/
erken	**early** /ö:li/
ertelemek	**postpone** /pıs'poun/
eski kafalı	**old fashioned** /ould 'feşınd/

eskrim	**fencing** /'fensing/
esmek	**blow** /blou/
esmer	**dark** /da:k/
esmer *(kadın)*	**brunette** /bru:'net/
eşarp	**scarf** /ska:f/
eşek	**donkey** /'donki/
eşekarısı	**wasp** /'wosp/
eşittir	**equals** /'i:kwılz/
eşlik etmek	**accompany** /ı'kampıni/
eşofman	**tracksuit** /'treksu:t/
et sote	**saute meat** /'so:tey mi:t/
etek	**skirt** /skö:t/
Etiyopya	**Ethiopia** /i:ti'oupiı/
etkilemek	**affect** /ı'fekt/
etrafında	**round** /raund/
ev	**house** /haus/
ev hanımı	**housewife** /'hauswayf/
evlenmek	**marry** /meri/
evli	**married** /'merid/
evlilik	**marriage** /'meric/
evren	**universe** /'yu:nivö:s/
evye	**sink** /sink/
eylül	**September** /sep'tembı/

ezmek	**crush** /kraş/

F

fabrika	**factory** /'fektıri/
fakir, zavallı	**poor** /puı/
faks	**fax** /feks/
fakülte	**faculty** /fekılti/
fanila	**flannel, vest** /'flenıl, vest/
far	**eyeshadow** /'ayşedou/
far(lar)	**headlights** /'hedlayts/
fare	**mouse** /maus/
farklı olmak	**differ from** /difı from/
fasulye	**beans** /bi:nz/
fasulye pilaki	**bean salad** /bi:n 'selıd/
faul	**foul** /faul/
fayans	**tile** /tayl/
fazla eşya	**excess luggage** /ik'ses 'lagic/
felsefe	**philosophy** /fi'losıfi/
fen bilgisi	**science** /'sayıns/
feribot	**ferry, ferryboat** /'feri, feribout/
fermuar	**zipper** /zipı/
fethetmek	**conquer** /'konkı/
fırça	**brush** /braş/
fırın	**oven** /'avn/

fırıncı	**baker** /'beykı/
fırında	**roasted** /'roustid/
fırtına	**storm** /sto:m/
fırtınalı deniz	**rough sea** /raf si:/
fısıldamak	**whisper** /'wispı/
fil	**elephant** /'elifınt/
fildişi	**ivory** /'ayvıri/
Filipinler	**Philippines** /'filipi:nz/
Filistin	**Palestine** /'pelıstayn/
film	**film** /film/
film festivali	**film festival** /film 'festıvıl/
film yıldızı	**film star** /film sta:/
filtre	**filter** /'filtı/
final	**final** /'faynıl/
Finlandiya	**Finland** /'finlınd/
fitilli kadife	**corduroy** /'ko:dıroy/
fiyat	**price** /prays/
fizik	**physics** /'fiziks/
flamingo	**flamingo** /flı'mingou/
flanel	**flannel** /'flenıl/
flaster	**plaster** /'plestı/
flüt	**flute** /flu:t/
fok	**seal** /si:l/

fondöten	**foundation cream** /faun'deyşın kri:m/
fotoğrafçı	**photographer** /fı'togrıfı/
frak	**tail coat** /teyl kout/
Fransa	**France** /fra:ns/
Fransız frangı	**French franc** /frenç frenk/
fransız kornosu	**french horn** /'frenç ho:n/
Fransızca	**French** /'frenç/
fren	**brake** /'breyk/
fren kampanası	**brake drum** /'breyk dram/
fren pabuçları	**brake shoes** /'breyk şu:z/
fuar	**fair** /feı/
futbol	**football** /'futbo:l/
füme	**smoked** /'smoukt/

G

gabardin	**gabardine** /'gebıdi:n/
gala gecesi	**opening night** /'oupıning nayt/
galaksi	**galaxy** /'gelıksi/
galibiyet	**win** /win/
Galler	**Wales** /weylz/
Gana	**Ghana** /'ga:nı/
gar	**railway station** /'reylwey 'steyşın/
garaj	**garage** /'gera:j/

garantilemek	**guarantee** /gerın'ti:/
gardırop	**wardrobe** /'wo:droub/
gargara	**mouthwash** /'mautwoş/
garson	**waiter** /'weytı/
gazete bayii	**newsagent** /'nyu:zeycınt/
gazeteci	**journalist** /'cö:nilist/
gazoz	**pop** /pop/
gece	**night** /nayt/
gece kremi	**night cream** /nayt kri:m/
gece kulübü	**night club** /nayt klab/
gece okulu	**night school** /nayt sku:l/
gece yarısı	**midnight** /'midnayt/
gecelik	**nightdress** /'naytdres/
gecikmek	**delay** /di'ley/
geç	**late** /leyt/
geçerli	**valid** /velid/
geçit	**crossing** /'krosing/
geçmek	**pass** /pa:s/
gelin	**bride** /brayd/
gelinlik	**wedding gown** /'weding gaun/
geliştirmek	**develop, improve** /di'velıp, im'pru:v/
gelmek	**come** /kam/
gemi	**ship** /şip/

gemi direği	**mast** /ma:st/
gemi doktoru	**ship's doctor** /şips 'doktı/
gemi gezintisi	**cruise** /kru:z/
gemi veznedarı	**purser** /'pö:sı/
gemi yolculuğu	**voyage** /'voyic/
gemicilik	**navigation** /nevi'geyşın/
genç	**young** /yang/
gençlik	**youth** /yu:t/
geniş	**wide** /wayd/
geniş açı	**obtuse angle** /ıb'tyu:s 'engıl/
geniş görüşlü	**broad-minded** /bro:d'mayndid/
geometri	**geometry** /ci'omitri/
gerektirmek	**require** /ri'kwayı/
gergedan	**rhinoceros** /ray'nosırıs/
geri çekilmek	**withdraw** /wid'dro:/
geri çevirmek	**reject** /ri'cekt/
geri dönmek	**return** /ri'tö:n/
geri zekâlı	**idiot, moron** /'idiıt, 'mo:ron/
gerilim (filmi)	**thriller** /'trilı/
getirmek	**bring** /bring/
geveze	**talkative** /'to:kıtiv/
geyik	**deer** /diı/
gezegen	**planet** /'plenit/

gezinmek	**stroll** /stroul/
gırtlak	**throat** /trout/
gibi görünmek	**seem** /si:m/
gidiş bileti	**single ticket** /'singıl 'tikit/
gidiş-dönüş	**return ticket** /ri'tö:n 'tikit/
giriş	**entrance** /'entrıns/
girmek	**enter** /'entı/
gişe	**box office** /boks 'ofis/
gitar	**guitar** /gi'ta:/
gitmek	**go** /gou/
giyecek	**clothes** /kloudz/
giyim mağazası	**clothes store** /kloudz sto:/
giyinmek	**dress** /dres/
giymek	**wear** /weı/
golf	**golf** /golf/
goril	**gorilla** /gı'rilı/
göbek	**navel** /'neyvıl/
göç etmek	**immigrate** /'imigreyt/
göğüs	**chest** /çest/
gökdelen	**skyscraper** /'skayskreypı/
gökyüzü	**sky** /skay/
göl	**lake** /leyk/
gölge	**shade** /şeyd/

gölgeli	**shaded** /'şeydid/
gömlek	**shirt** /şö:t/
gömmek	**bury** /'beri/
gönderen	**sender** /'sendı/
göndermek	**send** /send/
gönye	**setsquare** /'setskweı/
görmek	**see** /si:/
görünüm	**appearance** /ı'piırıns/
görüşmek	**interview** /'intıvyu:/
gösteri	**show** /şou/
göstermek	**show** /şou/
gövde	**trunk** /trank/
göz	**eye** /ay/
göz alıcı	**striking** /'strayking/
göz damlası	**eye drops** /ay drops/
göz kalemi	**eye pencil** /ay pensıl/
göz rengi	**colour of eyes** /'kalı ov ayz/
gözbebeği	**pupil** /'pyu:pıl/
gözkapağı	**eyelid** /'aylid/
gözlemek	**observe** /ıb'zö:v/
gözlük	**glasses** /'gla:siz/
gözlükçü	**optician** /op'tişın/
gözü pek	**daring** /'deıring/

grafiker	**graphic designer** /'grefik di'zaynı/
gravyer peyniri	**gruyere cheese** /'gru:yeı çi:z/
greyfrut	**grapefruit** /'greypfru:t/
greyfrut suyu	**grapefruit juice** /'greypfru:t cu:s/
gri	**grey** /grey/
grip	**flu** /flu:/
Guatemala	**Guatemala** /gwa:tı'ma:lı/
guguk	**cuckoo** /'kuku:/
gururlu	**proud** /praud/
güçlü, kuvvetli	**strong** /strong/
güçsüz	**weak** /wi:k/
gül	**rose** /rouz/
güldürü	**comedy** /'komıdi/
gülmek	**laugh** /la:f/
gülümsemek	**smile** /smayl/
gümrük	**customs** /'kastımz/
gümrük kontrolü	**customs control** /'kastımz kın'troul/
gümrük memuru	**customs officer** /'kastımz 'ofisı/
gümrüksüz	**duty-free** /dyu:ti'fri:/
gümüş	**silver** /'silvı/
gün	**day** /dey/

günbatımı	**sunset** /’sanset/
gündoğuşu	**sunrise** /’sanrayz/
güneş	**sun** /san/
güneş çarpması	**sunstroke** /'sanstrouk/
güneş gözlüğü	**sunglasses** /san'gla:siz/
güneş ışığı	**sunlight** /'sanlayt/
güneş kremi	**sun cream** /san kri:m/
güneş yağı	**sun oil** /san oyl/
güneş yanığı	**sunburn** /'sanb**ö**:n/
güney	**south** /sau**t**/
Güney Afrika	**South Africa** /sau**t** '**e**frikı/
Güney Amerika	**South America** /sau**t** **ı**'merikı/
güneybatı	**south-west** /’sau**t**’west/
güneydoğu	**south-east** /’sau**t**’i:st/
güreş	**wrestling** /'resling/
güve	**moth** /mo**t**/
güvenilir	**reliable** /ri'lay**ı**bıl/
güvenilmez	**unreliable** /anri'lay**ı**bıl/
güvenmek	**trust** /trast/
güvercin	**pigeon** /'picın/
güverte	**deck** /dek/
güzel	**good** /gud/
güzellik salonu	**beauty parlour** /'byu:ti pa:l**ı**/

H

haber spikeri	**newsreader** /'nyu:zri:dı/
haberler	**news** /nyu:z/
hafta	**week** /wi:k/
hain, dönek	**treacherous** /'treçırıs/
hak etmek	**deserve** /di'zö:v/
hakaret etmek	**insult** /in'salt/
hakem	**referee** /refı'ri:/
hâkim	**judge** /cac/
hakkında	**about** /ı'baut/
haklı olmak	**be right** /bi rayt/
halat	**rope** /roup/
halı	**carpet** /'ka:pit/
halter	**weight lifting** /'weyt lifting/
hamal	**porter** /'po:tı/
hamam	**turkish bath** /'tö:kiş ba:t/
hamsi	**anchovy** /'ençıvi/
hamster	**hamster** /'hemstı/
hapishane	**prison** /'prizın/
hapsetmek	**imprison** /im'prizın/
harcamak	**spend** /spend/
hardal	**mustard** /'mastıd/
hareket etmek	**move** /mu:v/

harflemek	**spell** /spel/
hariç	**except** /ik'sept/
harika	**marvellous** /'ma:vılıs/
harita	**map** /mep/
harp okulu	**war school** /wo: sku:l/
hasar	**damage** /'demic/
hasar vermek	**damage** /'demic/
hasır	**straw** /'stro:/
hassas	**sensitive** /'sensitiv/
hasta	**patient** /'peyşınt/
hastalık	**illness** /'ilnis/
hastane	**hospital** /'hospitıl/
haşlama	**boiled, stewed** /boyld, styu:d/
hata yapmak	**make a mistake** /meyk ı mis'teyk/
hatırlamak	**remember** /ri'membı/
hatırlatmak	**remind** /ri'maynd/
hava	**weather** /'wedı/
hava durumu	**weather report** /'wedı ri'po:t/
hava filtresi	**air filter** /eıfiltı/
hava limanı	**airport** /'eıpo:t/
hava raporu	**weather report** /'wedı ri'po:t/
hava tahmini	**weather forecast** /'wedı 'fo:ka:st/

havaalanı	**airport** /'eıpo:t/
havacılık	**aviation** /eyvi'eyşın/
havalandırma	**ventilation** /venti'leyşın/
havale	**money order** /'mani 'o:dı/
havan	**mortar** /'mo:tı/
havayolu	**airline** /'eılayn/
havlu	**towel** /'tauıl/
havuç	**carrot** /kerıt/
havuç salatası	**carrot salad** /'kerıt 'selıd/
havya	**soldering iron** /'soldıring ayın/
havyar	**caviar** /'kevia:/
hayal etmek	**imagine** /i'mecin/
hayat, yaşam	**life** /layf/
hayran olmak	**admire** /ıd'mayı/
hayret etmek	**wonder** /'wandı/
hayvanat bahçesi	**zoo** /zu:/
hazımsızlık	**indigestion** /indi'cesçın/
hazır bulunmak	**attend** /ı'tend/
hazırlamak	**prepare** /pri'peı/
hazırlık okulu	**preparatory school** /pri'perıtri sku:l/
haziran	**June** /cu:n/
helikopter	**helicopter** /'helikoptı/
hemoroit	**hemorrhoid** /'hemıroyd/

hemşire	**nurse** /nö:s/
hentbol	**handball** /'hendbo:l/
hepsi	**whole, all** /houl, o:l/
hesap makinesi	**calculator** /kel'kyuleytı/
heyecanlı	**nervous** /'nö:vıs/
heykel, yontu	**statue** /'steçu:/
heykeltıraş	**sculptor** /'skalpçı/
hırka	**cardigan** /'ka:digın/
hırslı, tutkulu	**ambitious** /em'bişıs/
hız	**speed** /spi:d/
hidrofil pamuk	**cotton wool** /'kotın wul/
hindi	**turkey** /'tö:ki/
Hindistan	**India** /'indiı/
hindistancevizi	**coconut** /koukınat/
hissetmek	**feel** /fi:l/
hizmet vermek	**serve** /sö:v/
hizmetçi kadın	**woman servant** /'wumın sö:vınt/
hokey	**hockey** /'hoki/
hol	**hall** /ho:l/
Hollanda	**Holland** /'holınd/
Hollanda florini	**Dutch florin** /daç florin/
horoz	**cock** /kok/
hostes	**stewardess** /styu:ı'des/

hoş, tatlı	**pleasant** /'plezınt/
hoşlanmak	**enjoy** /in'coy/
hoverkraft	**hovercraft** /'houvıkra:ft/
huni	**funnel** /'fanıl/
hurma	**date** /deyt/
huysuz, haşin	**mean** /mi:n/
hücum	**offence** /ı'fens/
hücum etmek	**attack** /ı'tek/
hüviyet	**identity card** /ay'dentiti ka:d/

I

Irak	**Irak** /i'ra:k/
ırk	**race** /reys/
ırmak	**stream** /stri:m/
ısıtmak, ısınmak	**heat** /hi:t/
ıskalamak	**miss** /mis/
ıslak	**wet** /wet/
ıspanak	**spinach** /spinic/
ısrar etmek	**insist** /in'sist/
ıstakoz	**lobster** /'lobstı/
ışıklar	**lights** /layts/
ızgara	**grilled, broiled** /grild, broyld/
ızgara köfte	**grilled meatballs** /grild 'mi:tbolz/

İ

icat etmek	**invent** /in'vent/
iç cep	**inside pocket** /'insayd pokit/
iç çamaşırı	**underwear** /'andıweı/
iç kamara	**inside cabin** /insayd 'kebin/
için	**for** /fo:/
içine	**into** /intu/
içmek	**drink** /drink/
içmek *(sigara)*	**smoke** /smouk/
iddia etmek	**assert** /ı'sö:t/
ideal	**ideal** /'aydiıl/
ifade etmek	**state** /steyt/
iğne	**injection** /in'cekşın/
iğrendirmek	**disgust** /dis'gast/
ihanet etmek	**betray** /bi'trey/
ihracat yapmak	**export** /ik'spo:t/
ihtiva etmek	**contain** /kın'teyn/
ihtiyacı olmak	**need** /ni:d/
iki	**two** /tu:/
iki katlı otobüs	**double-decker** /'dabıl dekı/
ikinci	**second** /sekınd/
ikinci devre	**second half** /sekınd ha:f/
ikinci mevki	**second class** /'sekınd kla:s/

ikiz	**twin** /twin/
iklim	**climate** /'klaymit/
ikna etmek	**persuade** /pı'sweyd/
ilaç	**medicine** /'medsin/
ilan etmek	**declare** /di'kleı/
ile	**with** /wit/
iletki	**protractor** /'prıtrektı/
ilgilendirmek	**interest, concern** /'intrist, kın'sö:n/
ilham vermek	**inspire** /in'spayı/
ilik	**buttonhole** /'batınhoul/
iliştirmek	**attach** /ı'teç/
ilk devre	**first half** /fö:st ha:f/
ilkyardım	**first aid** /fö:st eyd/
ilkbahar	**spring** /spring/
ilkokul	**primary school** /'praymıri sku:l/
iltihap	**inflammation** /inflı'meyşın/
imal etmek	**manufacture** /menyu'fekçı/
imza	**signature** /'signiçı/
imza defteri	**signature book** /'signiçı buk/
imzalamak	**sign** /sayn/
inanmak	**believe** /bi'li:v/
inatçı	**stubborn** /'stabın/
ince	**thin** /tin/

inci	**pearl** /pö:l/
incik	**shin** /şin/
incir	**fig** /fig/
incitmek	**injure, hurt** /'incı, hö:t/
inek	**cow** /kau/
İngilizce	**English** /'ingliş/
İngiltere	**England** /'inglınd/
iniş	**landing** /'lending/
inkâr etmek	**deny** /di'nay/
inlemek	**groan, moan** /groun, moun/
inme	**stroke** /strouk/
inmek *(taşıttan)*	**get off** /get of/
insan	**man** /men/
insanlık	**humanity** /hyu:'menıti/
insanoğlu	**man, mankind** /men, men'kaynd/
inşa etmek	**build** /bild/
intihar	**suicide** /'syuisayd/
ipek	**silk** /silk/
iplik	**thread** /tred/
İran	**Iran** /i'ra:n/
iri	**big** /big/
iriyarı	**stout** /staut/
İrlanda	**Ireland** /'ayılınd/

ishal	**diarrhoea** /'dayırii/
isim, ad	**name** /neym/
iskelet	**skeleton** /'skelitın/
iskoç viski	**scotch** /'skoç/
İskoçya	**Scotland** /'skotlınd/
iskorpit	**scorpion fish** /'sko:piın fiş/
İspanya	**Spain** /speyn/
ispat etmek	**prove** /pru:v/
ispinoz	**finch** /finç/
israf etmek	**waste** /weyst/
İsrail	**Israel** /'izreyl/
istavrit	**small mackerel** /smo:l 'mekrıl/
istek	**enquiry** /in'kwayıri/
istemek	**want** /wont/
istila etmek	**invade** /in'veyd/
istirahat	**rest** /rest/
istiridye	**oyster** /'oystı/
İsveç	**Sweden** /'swi:dın/
İsviçre	**Switzerland** /'switsılınd/
İsviçre frangı	**Swiss franc** /swis frenk/
iş	**business** /'biznis/
iş adamı	**businessman** /'biznismın/
iş vermek	**employ** /im'ploy/

işaret etmek	**point** /poynt/
işaret vermek	**signal** /'signıl/
işaretparmağı	**forefinger** /'fo:fingı/
işçi	**worker** /'wö:kı/
işitmek, duymak	**hear** /hiı/
işkembe çorbası	**tripe soup** /'trayp su:p/
işletmek	**operate** /'opıreyt/
iştah	**appetite** /'epitayt/
itaat etmek	**obey** /ou'bey/
İtalya	**Italy** /'itıli/
İtalyan lireti	**Italian lira** /i'teliın lirey/
itfaiye	**fire brigade** /'fayıbrigeyd/
itfaiye arabası	**fire fighting lorry** /'fa:yı'fayting lori/
itfaiyeci	**fireman** /'fayımın/
itiraf etmek	**admit, confess** /ıd'mit, kın'fes/
itiraz etmek	**object** /ıb'cekt/
itmek	**push** /puş/
iyi	**good** /gud/
iyimser	**optimistic** /opti'mistik/
izin vermek	**allow, permit** /ı'lau, pı'mit/
izleyici, seyirci	**viewer** /'vyu:vı/

J

jambon	**bacon** /'beykın/
Japonya	**Japan** /cı'pen/
jet (uçağı)	**jet (plane)** /cet (pleyn)/
jip	**jeep** /ci:p/
jokey	**jockey** /'coki/
jöle	**jelly** /celi/
judo	**judo** /'cu:dou/
Jupiter	**Jupiter** /'cupitı/

K

kaba	**rude** /ru:d/
kabak *(balkabağı)*	**squash** /skwoş/
kabak *(dolmalık)*	**marrow** /'merou/
kabakulak	**mumps** /mamps/
kabızlık	**constipation** /konsti'peyşın/
kabin	**cabin** /'kebin/
kablo	**cable** /'keybıl/
kablolu TV	**cable TV** /'keybıl ti:vi:/
kabul etmek	**accept** /ık'sept/
kaçmak	**escape (from)** /i'skeyp/
kadın	**woman** /'wumın/
kadın, dişi	**female** /'fi:meyl/
kadın bağı	**sanitary towel** /'senitıri 'tauıl/
kadınlar	**women** /'wimin/

kadife	**velvet** /'velvit/
kafatası	**skull** /skal/
kafeterya	**cafeteria, cafe** /kefı'tıırıı, 'kefey/
kağıt	**paper** /'peypı/
kahvaltı	**breakfast** /'brekfıst/
kahvaltı salonu	**breakfast room** /'brekfıst rum/
kahvehane	**coffee house** /'kofi haus/
kahverengi	**brown** /braun/
kakao	**cocoa** /'koukou/
kalacak yer	**accommodation** /ıkomı'deyşın/
kalamar	**squid** /'skwid/
kalas	**plank** /plenk/
kalça	**hip** /hip/
kaldırım	**pavement** /'peyvmınt/
kaldırmak	**raise, lift** /reyz, lift/
kaleci	**goalkeeper** /'goulki:pı/
kalem	**pen** /pen/
kalem içi	**filler** /filı/
kalem kutusu	**pencil box** /'pensıl boks/
kalem takımı	**pen set** /pen set/
kalemtıraş	**pencil sharpener** /'pensıl şa:pını/
kalın	**thick** /tik/
kalıtım	**heredity** /hi'rediti/

kalkan	**turbot** /'tö:bıt/
kalkış	**departure** /di'pa:çı/
kalkmak	**get up** /get ap/
kalmak	**stay** /stey/
kalorifer	**heating** /'hi:ting/
kalp	**heart** /ha:t/
kamara	**cabin** /'kebin/
kamarot	**steward** /styuıd/
kameraman	**cameraman** /'kemırımın/
kamyon	**lorry, truck** /'lori, trak/
kamyon şoförü	**lorry driver** /'lori drayvı/
kamyonet	**van** /ven/
kan	**blood** /blad/
kan dolaşımı	**blood circulation** /blad sö:kiu'leyşın/
kan grubu	**blood type** /blad tayp/
kan zehirlenmesi	**blood poisoning** /blad 'poyzn-ing/
Kanada	**Canada** /'kenıdı/
kanal	**channel** /'çenıl/
kanamak	**bleed** /bli:d/
kanarya	**canary** /kı'neıri/
kanat	**wing** /wing/
kangren	**gangrene** /'gengri:n/

kanguru	**kangaroo** /kengı'ru:/
kanser	**cancer** /'kensı/
kapalı çarşı	**covered market** /'kavıd 'ma:kit/
kapalı salon	**arena** /ı'ri:nı/
kapamak *(ışık, radyo, vb)*	**switch (turn) off** /swiç (tö:n) of/
kapamak	**close, shut** /klouz, şat/
kapı	**door** /do:/
kapı zili	**doorbell** /do:bel/
kapıcı	**doorkeeper** /'do:ki:pı/
kaplan	**tiger** /'taygı/
kaplumbağa	**tortoise** /'to:tıs/
kapmak	**grab** /greb/
kapsül	**capsule** /'kepsyu:l/
kaptan	**captain** /'keptin/
kaput	**hood** /hud/
kar	**snow** /snou/
kar fırtınası	**snow storm** /'snousto:m/
karabiber	**black pepper** /'blek 'pepı/
karaböcek	**beetle** /'bi:tıl/
karaciğer	**liver** /'livı/
karafatma	**cockroach** /'kokrouç/
karagöz	**sea bream** /si: bri:m/
karakol	**police station** /pı'li:s 'steyşın/

karanfil	**carnation** /ka:'neyşın/
karanlık	**dark** /da:k/
karar vermek	**decide** /di'sayd/
kararlaştırmak	**arrange** /ı'reync/
kararlı, azimli	**determined** /di'tö:mind/
karate	**karate** /kı'ra:ti/
karavan	**caravan** /'kerıven/
karbüratör	**carburettor** /ka:byu'reytı/
kardan contası	**universal joint** /yu:ni'vö:sıl coynt/
kare	**square** /skweı/
karga	**crow** /krou/
kargo	**cargo** /'ka:gou/
karı	**wife** /wayf/
karın	**belly** /'beli/
karınca	**ant** /ent/
karışık ızgara	**mixed grill** /mikst gril/
karıştırmak	**mix, stir** /miks, stö:/
karides	**shrimp** /'şrimp/
karides salatası	**shrimp salad** /'şrimp 'selıd/
karikatür	**caricature** /'kerikıtyuı/
karlı	**snowy** /snoui/
karnabahar	**cauliflower** /'koliflauı/

karnabahar salatası	**cauliflower salad** /'koliflauı 'selıd/
karne	**report card** /ri'po:t ka:d/
karpuz	**water melon** /'wo:tı 'melın/
karşı	**against** /ı'genst/
karşı koymak	**oppose** /ı'pouz/
karşılaştırmak	**compare** /kım'peı/
kartal	**eagle** /'i:gıl/
karter	**crankcase** /'krenkkeys/
kas	**muscle** /'masıl/
kasap	**butcher** /'buçı/
kasım	**November** /nou'vembı/
kasiyer	**cashier** /ke'şiı/
kaş	**eyebrow** /'aybrau/
kaşar peyniri	**cheese** /çi:z/
kaşık	**spoon** /spu:n/
kaşkol	**scarf** /ska:f/
kat	**floor** /flo:/
katedral	**cathedral** /kı'ti:drıl/
katılmak	**join** /coyn/
katır	**mule** /myu:l/
katlamak	**fold** /fould/
katlanmak	**bear, stand** /beı, stend/
kavanoz	**jar** /ca:/

kavramak *(el ile)*	**grasp** /gra:sp/
kavramak	**realize** /'rıılayz/
kavşak	**crossing** /krosing/
kavun	**melon** /'melın/
kayabalığı	**goby** /'goubi/
kayak	**skiing** /'ski:ing/
kaybetmek	**lose** /lu:z/
kaybolmak	**disappear** /disı'piı/
kaydetmek	**record** /ri'ko:d/
kaygısız	**carefree** /'keıfri:/
kayık	**boat** /bout/
kayınbirader	**brother-in-law** /'bradırinlo:/
kayınpeder	**father-in-law** /'fa:dırinlo:/
kayıp eşya	**lost property** /loust 'propıti/
kayısı	**apricot** /'eyprikot/
kayısı suyu	**apricot juice** /'eyprikot cu:s/
kaymak	**slip** /slip/
kaynamak	**boil** /boyl/
kaynana	**mother-in-law** /'madırinlo:/
kaz	**goose** /gu:s/
kaza	**accident** /'eksidınt/
kazak	**pullover** /'pulouvı/
kazanmak	**win** /win/

kazma	**pickaxe** /'pikeks/
kâğıt	**paper** /'peypı/
kâğıt mendil	**Kleenex** /'kli:neks/
kâğıt para	**banknote** /'benknout/
kâse	**bowl** /boul/
keçeli kalem	**felt tip** /'felt tip/
keçi	**goat** /gout/
kedi	**cat** /ket/
kefal	**grey mullet** /grey 'malit/
kehribar	**amber** /'embı/
kekik	**thyme** /taym/
keklik	**partridge** /'pa:tric/
kel	**bold** /bold/
kelebek	**butterfly** /'batıflay/
keman	**violin** /'vayılin/
kemer	**belt** /belt/
kemik	**bone** /boun/
kenar	**side** /sayd/
kendinden emin	**self-confident** /self'konfidınt/
Kenya	**Kenya** /'kenyı/
kep	**cap** /kep/
kepçe	**ladle** /'leydıl/
kerpeten	**pliers** /'playız/

kertenkele	**lizard** /'lizıd/
kesik	**cut** /kat/
kesir	**fraction** /'frekşın/
keski	**chisel** /'çizıl/
kesmek	**cut** /kat/
kestane	**chestnut** /çesnat/
keşfetmek	**discover** /dis'kavı/
keten	**linen** /'linın/
kevgir	**colander** /'kalındı/
Kıbrıs	**Cyprus** /'saypırıs/
kıç taraf	**stern** /stö:n/
kıl fırça	**hair brush** /heı braş/
kılıç (balığı)	**swordfish** /'so:dfiş/
kırışık, buruşuk	**wrinkle** /'rinkıl/
kırk	**forty** /'fo:ti/
kırkıncı	**fortieth** /'fo:tiit/
kırlangıçbalığı	**red gurnard** /red 'gö:nıd/
kırmak	**break** /breyk/
kırmızı	**red** /red/
kırmızı biber	**red pepper** /red 'pepı/
kırmızı ışık	**red light** /red layt/
kırmızı şarap	**red wine** /red wayn/
kırmızı turp salatası	**radish salad** /'rediş 'selıd/

kırtasiyeci	**stationer's** /'steyşınız/
kısa	**short** /şo:t/
kısa boylu	**short** /şo:t/
kısa dalga	**short wave** /şo:t weyv/
kısa gezinti	**excursion** /ik'skö:şın/
kısa kollu	**short sleeved** /şo:t sli:vd/
kısa metrajlı film	**short film** /şo:t film/
kısa rot başları	**track rod ends** /'trek rod endz/
kıskanç	**jealous** /'celıs/
kıskanmak	**envy** /'envi/
kısrak	**mare** /meı/
kış	**winter** /'wintı/
kış sporları	**winter sports** /'wintı 'spo:ts/
kışla	**barracks** /'berıks/
kışlık elbise	**winter dress** /wintıdres/
kıta	**continent** /'kontinınt/
kıvırcık lahana	**broccoli** /'brokıli/
kıyı	**coast** /koust/
kız	**girl** /gö:l/
kız evlat	**daughter** /'do:tı/
kız kardeş	**sister** /'sistı/
kızak	**tobogganing** /tı'bogıning/
kızamık	**measles** /'mi:zılz/

kızartma	**fried** /'frayd/
kızgın	**angry** /'engri/
kızıl	**red** /red/
kızılcık	**cornelian cherry** /ko:'ni:liın çeri/
kızlık soyadı	**maiden name** /'meydın neym/
kiler	**larder** /'la:dı/
kilise	**church** /çö:ç/
kilit	**lock** /lok/
kilitlemek	**lock** /lok/
kilo *(ağırlık)*	**weight** /weyt/
kimya	**chemistry** /'kemistri/
kimyon	**cummin** /'kamin/
kiralamak	**hire, rent** /'hayı, rent/
kiraz	**cherry** /çeri/
kirpi	**hedgehog** /'hechog/
kirpik(ler)	**eyelash(es)** /'ayleş(iz)/
kist	**cyst** /sist/
kişi	**person** /'pö:sın/
kişiler	**people** /'pi:pıl/
kitabevi	**bookshop** /'bukşop/
kitap	**book** /buk/
kitaplık	**bookshelf** /'bukşelf/
klapa	**lapel** /lı'pel/

klarnet	**clarinet**	/klerı'net/
klima	**airconditioning**	/'eıkındişıning/
klinik	**clinic**	/'klinik/
klips	**ear-clips**	/'iıklips/
koala	**koala**	/kou'alı/
kobra	**cobra**	/'kobrı/
koca	**husband**	/'hazbınd/
koç	**coach**	/kouç/
kokarca	**skunk**	/skank/
kokmak	**smell**	/smel/
kol	**arm**	/a:m/
kol düğmesi	**cuff-link**	/'kaflink/
kol saati	**wristwatch**	/'ristwoç/
kola	**coke**	/'kouk/
kolay	**easy**	/i:zi/
kolera	**cholera**	/'kılirı/
kolonya	**cologne**	/kı'loun/
koltuk	**armchair**	/'a:mçeı/
koltuk değneği	**crutch**	/kraç/
koltuk kemeri	**seat-belt**	/si:t belt/
koltuk(lar)	**stalls**	/sto:lz/
kolye	**necklace**	/'neklis/
kolyoz	**horse mackerel**	/ho:s 'mekrıl/

komа	**coma** /'koumı/
komedi	**comedy** /'komıdi/
komik	**funny** /'fani/
komodin	**bedside table** /'bedsayd 'teybıl/
kompakt disk	**compact disc** /'kımpekt disk/
kompartıman	**compartment** /'kımpa:tmınt/
komposto	**cold stewed fruit** /kould styu:d fru:t/
komuta etmek	**command** /kı'ma:nd/
kondansatör	**condenser** /kın'densı/
koni	**cone** /koun/
konser	**concert** /'konsıt/
konser salonu	**concert hall** /'konsıt ho:l/
konsol	**chest of drawers** /çest ıv dro:ız/
konsolosluk	**consulate** /'konsyulıt/
kontak	**contact** /'kontekt/
kontak anahtarı	**ignition key** /'ignişın ki:/
kontrabas	**double bass** /dabıl beys/
kontrol etmek	**control, check** /kın'troul, çek/
kontrol kulesi	**control tower** /kın'troul tauı/
kontrolör	**conductor** /kındaktı/
konuşmak	**speak, talk** /spi:k, to:k/
konyak	**cognac** /'konyek/

kopça	**hook and eye** /huk end ay/
Kore	**Korea** /kı'riı/
koridor	**corridor** /korido:/
korkmak	**fear** /fiı/
korku filmi	**horror film** /'horı film/
korkutmak	**frighten** /'fraytın/
koro	**choir** /'kwayı/
korse	**girdle** /'gö:dıl/
koru	**woods** /wudz/
korumak	**protect** /prı'tekt/
kostüm	**costume** /'kostyu:m/
koşmak	**run** /ran/
koşu	**running** /'raning/
kovalamak	**chase** /çeys/
kovboy (filmi)	**western** /'westın/
koymak	**put** /put/
koyu *(renk)*	**dark *(colour)*** /da:k *('kalı)*/
koyun	**sheep** /şi:p/
koyun postu	**sheepskin** /'şi:pskin/
kömürler	**brushes** /'braşız/
köpek	**dog** /dog/
köpekbalığı	**shark** /şa:k/
köprü	**bridge** /bric/

köpüklü şarap	**sparkling wine** /'spa:kling wayn/
kör	**blind** /blaynd/
köstebek	**mole** /moul/
köşe	**corner** /ko:nı/
kötü	**bad** /bed/
kötümser	**pessimist** /'pesimist/
kramp	**cramp** /'kremp/
krank mili	**crankshaft** /'krenkşa:ft/
kravat	**tie** /tay/
kravat iğnesi	**tiepin** /'taypin/
krem	**cream** /kri:m/
krem karamel	**cream caramel** /kri:m 'kerımel/
krem peynir	**cream cheese** /'kri:m çi:z/
kriket	**cricket** /'krıkit/
kriko	**jack** /cek/
krupiye	**croupier** /'kru:piı/
kuaför	**hairdresser's** /'heıdresız/
kucaklamak	**embrace** /im'breys/
kuduz	**rabies** /'reybi:z/
kuğu	**swan** /swon/
kulak	**ear** /iı/
kulak damlası	**ear drops** /'iıdrops/
kulakmemesi	**ear lobe** /'iıloub/

kullanmak	**use** /yu:z/
kulübe	**hut** /hat/
kumar oynamak	**gamble** /'gembıl/
kumarhane	**casino** /'kısi:nou/
kumral	**auburn** /'o:bın/
kunduz	**beaver** /bi:'vı/
kung-fu	**kung-fu** /kung 'fu/
kupa	**cup** /kap/
kural	**rule** /ru:l/
kurbağa	**frog** /frog/
kurmak	**establish** /i'stebliş/
kurnaz	**cunning** /'kaning/
kurs	**course** /ko:s/
kurşunkalem	**pencil** /'pensıl/
kurt	**wolf** /wulf/
kurtarma salı	**life-boat** /'layfbout/
kurtarmak	**rescue, save** /'reskyu:, seyv/
kuru	**dry** /dray/
kuru temizlemeci	**dry cleaner's** /dray 'kli:nız/
kurutmak	**dry** /dray/
kusma	**vomiting** /'vomiting/
kusturucu ilaç	**emetic** /i'metik/
kuş	**bird** /bö:d/

kuşatmak	**surround** /sı'raund/
kuşetli vagon	**couchette** /ku:'şet/
kuşkonmaz	**asparagus** /'ısperıgıs/
kutu	**box** /boks/
kutup ayısı	**polar bear** /poulıbeı/
kuvars	**quartz** /kwo:tz/
Kuveyt	**Kuwait** /ku'weyt/
Kuveyt dinarı	**Kuwait dinar** /kuweyt dina:/
kuvvetli	**powerful** /'pauıfıl/
kuyu kebabı	**lamb roasted in a pit** /lem 'roustid in ı pit/
kuyumcu	**jeweller** /'cu:ılı/
kuzen	**cousin** /'kazın/
kuzey	**north** /no:t/
Kuzey Amerika	**North America** /no:t ı'merikı/
kuzeybatı	**north-west** /no:t'west/
kuzeydoğu	**north-east** /no:t'i:st/
kuzgun	**raven** /'reyvın/
kuzu	**lamb** /lem/
kuzu çevirme	**roastlamb** /'roustlem/
kuzu pirzola	**lamb chops** /lem çops/
Küba	**Cuba** /'kyu:bı/
küçük	**little** /'litıl/
küfretmek	**swear** /sweı/

kül tablası	**ashtray** /'eştrey/
küllük	**ashtray** /'eştrey/
külot	**underpants** /'andıpents/
külotlu çorap	**tights** /tayts/
kültür merkezi	**cultural centre** /'kalçırıl sentı/
küp	**cube** /kyu:b/
küpe	**earrings** /'iıringz/
kürek	**rowing** /'rouing/
kürk manto	**fur coat** /'fö: kout/
kütüphane	**library** /'laybrıri/
kütüphaneci	**librarian** /lay'breıriın/
küvet	**bath** /'ba:t/

L

laboratuvar	**laboratory** /lı'borıtri/
lacivert	**navy blue** /'neyvi blu:/
lahana	**cabbage** /'kebic/
lahana turşusu	**pickled cabbage** /'pikıld 'kebic/
lakerda	**salted tunny** /'so:ltid tani/
lal taşı	**garnet** /'ga:nit/
lale	**tulip** /'tyu:lip/
lastik	**tyre** /tayı/
lavabo	**washbasin** /'woşbeysin/
leopar, pars	**leopard** /'lepıd/

levrek	**bass** /bes/
leylak	**lilac** /'laylık/
leylek	**stork** /sto:k/
lezzetli	**delicious** /di'lişıs/
Libya	**Libya** /'libyı/
likör	**liqueur** /li'kyuı/
liman	**harbour, port** /'ha:bı, po:t/
liman polisi	**harbour police** /'ha:bı pı'li:s/
limonata	**lemonade** /'lemıneyd/
lisans	**bachelor's degree** /'beçilız di'gri:/
lise	**senior high school** /'si:niı hay sku:l/
lokanta	**restaurant** /'restront/
lokomotif	**locomotive** /loukı'moutiv/
lunapark	**funfair** /'fanfeı/
Lübnan	**Lebanon** /'lebının/
lüfer	**bluefish** /'blu:fiş/
Lüksemburg	**Luxemburg** /'laksımbö:g/

M

Macaristan	**Hungary** /'hangıri/
macera filmi	**adventure film** /ıd'vençı film/
maç	**match** /meç/
madalya	**medal** /'medıl/

madenci	**miner** /'maynı/
madeni para	**coin** /koyn/
madensuyu	**mineral water** /'minırıl 'wo:tı/
mahvetmek	**destroy** /di'stroy/
majör	**major** /'meycı/
makarna	**macaroni** /mekı'rouni/
makas	**scissors** /'sizız/
makine	**machine** /mı'şi:n/
makyaj	**make-up** /'meykap/
makyaj yapmak	**make up** /meyk ap/
mal olmak	**cost** /kost/
Malezya	**Malaysia** /mı'leyziı/
maliyeci	**financier** /fi'nensiı/
malzeme	**material** /mı'tiriıl/
manav	**greengrocer's** /'gri:ngrousız/
manda	**water buffalo** /'wo:tı'bafılou/
mandalina	**tangerine** /tencı'ri:n/
mandolin	**mandolin** /mendı'lin/
manken	**model** /'modıl/
manşet	**cuff** /kaf/
mantar çorbası	**mushroom soup** /'maşrum su:p/
manto	**coat** /kout/
marangoz	**carpenter** /'ka:pıntı/

Mars	**Mars** /ma:s/
marş motoru	**starter motor** /'sta:tı moutı/
mart	**March** /ma:ç/
martı	**gull** /gal/
marul	**lettuce** /'letıs/
masa	**table** /'teybıl/
masatenisi	**table tennis** /'teybıl 'tenis/
maşa	**tongs** /tongz/
maşrapa	**mug** /mag/
matbaacı	**printer** /'printı/
matematik	**mathematics** /meti'metiks/
matkap	**drill** /dril/
mavi	**blue** /blu:/
mavna	**barge** /ba:c/
maydanoz	**parsley** /'pa:sli/
mayıs	**May** /mey/
maymun	**monkey** /'manki/
mayo	**swimsuit** /'swimsu:t/
medeni durumu	**marital status** /'meritıl 'steytıs/
Meksika	**Mexico** /'meksikou/
mektup	**letter** /'letı/
mektup kutusu	**letter box** /letıboks/
melodi	**melody** /'melıdi/

meme	**breast** /brest/
memur	**civil servant** /'sivil 'sö:vınt/
mendil	**handkerchief** /'henkıçif/
menekşe	**violet** /'vayılıt/
mengene	**vice** /vays/
mercimek	**lentil** /'lentıl/
mercimek çorbası	**lentil soup** /'lentıl su:p/
merdiven	**ladder** /'ledı/
merdiven(ler)	**stairs** /steız/
merhametli	**merciful** /'mö:sifıl/
merhametsiz	**merciless** /'mö:silıs/
Merkür	**Mercury** /'mö:kyuri/
mesane	**bladder** /bledı/
meslek okulu	**vocational school** /vou'keyşınıl sku:l/
meşgul	**busy** /bizi/
meşgul sinyali	**busy signal** /bizi 'signıl/
meşrubat	**soft drink** /soft drink/
metal	**metal** /metıl/
metro	**underground** /'andıgraund/
mevsim	**season** /si:zın/
meydan, alan	**square** /'skweı/
meyve salatası	**fruit salad** /fru:t 'selıd/
meyve suyu	**fruit juice** /fru:t cu:s/

mezar	**grave** /'greyv/
mezarlık	**cemetery** /'semitri/
meze(ler)	**hors d'ouvre(s)** /o:'dö:v(z)/
mezgit	**haddock** /'hedık/
mezun	**graduate** /'grecuit/
mezuniyet	**graduation** /gredyu'eyşın/
mısır	**corn** /ko:n/
Mısır	**Egypt** /'i:cipt/
mide	**stomach** /'stamık/
mide ağrısı	**stomachache** /'stamıkeyk/
midye	**mussel** /'masıl/
midye dolma	**stuffed mussels** /staft 'masılz/
midye tava	**fried mussels** /frayd 'masılz/
migren	**migraine** /'mi:greyn/
mikrofon	**microphone** /'maykrıfoun/
mikser	**mixer** /miksı/
milli park	**national park** /'neşınıl pa:k/
milliyet	**nationality** /neşı'neliti/
milyon	**one million** /wan 'milyın/
mimar	**architect** /'a:kitekt/
minder	**cushion** /'kuşın/
mine	**enamel** /i'nemıl/
minibüs	**minibus** /'minibas/

minicik	**tiny** /'tayni/
minör	**minor** /'maynı/
miras	**inheritance** /in'heritıns/
misafir odası	**guest room** /gest rum/
mobilyacı	**furniture maker** /'fö:niçımeykı/
mobilyalı ev	**furnished house** /'fö:nişt haus/
modacı	**fashion designer** /'feşın di'zaynı/
mor	**purple** /'pö:pıl/
morina	**codfish** /'kodfiş/
mors	**walrus** /'wo:lrıs/
motel	**motel** /mou'tel/
motor	**engine** /'encin/
motor gövdesi	**cylinder block** /'silindı blok/
motosiklet	**motorcycle** /'moutısaykıl/
muayene	**examination** /igzemi'neyşın/
muayenehane	**surgery** /'sö:cıri/
muhabir	**reporter** /ri'po:tı/
muhallebi	**pudding** /puding/
muhasebeci	**accountant** /ı'kauntınt/
muhteşem	**magnificent** /meg'nifisınt/
musluk	**tap** /tep/
muşmula	**medlar** /'medlı/
mutfak	**kitchen** /'kiçın/

mutlu	**happy** /hepi/
mutlu etmek	**please** /pli:z/
mutsuz	**unhappy** /an'hepi/
muz	**banana** /bı'na:nı/
muz şokola	**chocolate mousse** /'çoklit mu:s/
mücevherat	**jewellery** /'cu:ılri/
müfettiş	**inspector** /in'spektı/
mühendis	**engineer** /enci'niı/
mükemmel	**excellent** /'eksılınt/
mürekkep	**ink** /ink/
mürekkepbalığı	**squid** /'skwid/
mürettebat	**crew** /kru:/
müshil	**laxative** /'leksıtiv/
müteahhit	**builder** /bildı/
müze	**museum** /myu:'ziım/
müzik	**music** /'myuzik/
müzik seti	**music set** /'myu:zikset/
müzikal	**musical** /'myu:zikıl/
müzisyen	**musician** /myu:'zişın/

N

nabız	**pulse** /pals/
nadiren	**rarely** /'reıli/
namuslu, dürüst	**honest** /'onist/

nane	**mint** /mint/
nar	**pomegranate** /'pomıgrenit/
narin	**slim** /slim/
narin, ince	**slender** /'slendı/
naylon	**nylon** /'naylon/
nazik	**polite** /pı'layt/
neden olmak	**cause** /ko:z/
nefes	**breath** /bret/
nefes almak	**breathe** /bri:d/
nefret etmek	**hate, detest** /heyt, di'test/
nehir	**river** /'rivı/
nemlendirici	**moisturizer** /'moysçırayzı/
Neptün	**Neptune** /neptyu:n/
nergis	**daffodil** /'defıdil/
nesil	**generation** /cenı'reyşın/
neskafe	**instant coffee** /'instınt 'kofi/
neşeli	**cheerful** /'çiıfıl/
Nijerya	**Nigeria** /nay'ciıriı/
Nikaragua	**Nicaragua** /nikı'regyuı/
nilüfer	**waterlily** /'wo:tılili/
nisan	**April** /'eypril/
nişanlanmak	**get engaged** /get in'geycd/
nişanlı	**engaged** /in'geycd/

niyet etmek	**intend** /in'tend/
nohut	**chick peas** /çikpi:z/
Norveç	**Norway** /'no:wey/
not	**mark, grade** /ma:k, greyd/
not defteri	**notepad** /'noutped/
not etmek	**note** /nout/
nota	**note** /nout/
noter	**notary** /'noutıri/
nöbet, kriz	**attack** /ı'tek/

O

obua	**oboe** /'oubou/
ocak	**January** /'ceniuıri/
oda	**room** /rum/
oda müziği	**chamber music** /'çeymbı 'myu:zik/
oda servisi	**room service** /rum sö:vis/
oğul	**son** /san/
oje	**nail polish** /'neylpoliş/
ok oyunu	**darts** /da:ts/
okçuluk	**archery** /'a:çıri/
okul	**school** /sku:l/
okul forması	**school uniform** /sku:l 'yunifo:m/
okul müdiresi	**headmistress** /hed'mistrıs/

okul müdürü	**headmaster** /hed'ma:stı/
okuma salonu	**reading room** /'ri:ding rum/
okumak	**read** /ri:d/
okyanus	**ocean** /'ouşın/
olmak	**be, become** /bi, bi'kam/
oluşmak	**consist of** /kın'sist ov/
omlet	**omelette** /'omlit/
omur	**vertebra** /'vö:tıbrı/
omuz	**shoulder** /'şouldı/
on	**ten** /ten/
on altı	**sixteen** /'siksti:n/
on altıncı	**sixteenth** /'siksti:nt/
on beş	**fifteen** /'fifti:n/
on beşinci	**fifteenth** /'fifti:nt/
on bir	**eleven** /i'levın/
on birinci	**eleventh** /i'levınt/
on dokuz	**nineteen** /'naynti:n/
on dokuzuncu	**nineteenth** /'naynti:t/
on dördüncü	**fourteenth** /'fo:ti:nt/
on dört	**fourteen** /'fo:ti:n/
on iki	**twelve** /twelv/
on ikinci	**twelfth** /twelft/
on sekiz	**eighteen** /'eyti:n/

on sekizinci	**eighteenth** /'eyti:nt/
on üç	**thirteen** /'tö:ti:n/
on üçüncü	**thirteenth** /'tö:ti:nt/
on yedi	**seventeen** /'sevınti:n/
on yedinci	**seventeenth** /'sevınti:nt/
onaylamak	**confirm** /kın'fö:m/
ondalık sayı	**decimal** /'desimıl/
onuncu	**tenth** /tent/
opal	**opal** /'oupıl/
opera	**opera** /'opırı/
operet	**operetta** /'opıretı/
orangutan	**orangutang** /o:rengu:'teng/
organ	**organ** /'o:gın/
orkestra	**orchestra** /'o:kistrı/
orkestra şefi	**conductor** /kın'daktı/
orman	**forest** /'forist/
orta dalga	**medium wave** /'mi:dyım weyv/
orta yaşlı	**middle-aged** /midıl'eycd/
ortaokul	**junior high school** /'cu:niı hay sku:l/
ortaparmak	**middle finger** /'midıl 'fingı/
oruç tutmak	**fast** /fa:st/
otel	**hotel** /hou'tel/
oto pazarı	**car market** /ka: 'ma:kit/

oto ralisi	**car rally** /ka: reli/
otoban, otoyol	**highway, motorway** /'haywey, 'moutıwey/
otobüs	**bus** /bas/
otobüs terminali	**bus terminal** /bas 'tö:minıl/
otomobil	**automobile** /'o:tımıbi:l/
otopark	**car park** /ka:pa:k/
oturma izni	**residence permit** /'rezidıns 'pö:mit/
oturma odası	**sitting room** /'siting rum/
oturmak	**sit (down)** /sit (daun)/
otuz	**thirty** /'tö:ti/
otuzuncu	**thirtieth** /'tö:tiit/
ova	**plain** /pleyn/
oynamak	**play** /pley/
oynayanlar	**cast** /ka:st/
oyun	**play, game** /pley, geym/
oyun yazarı	**playwright** /pleyrayt/

Ö

öbür gün	**the day after tomorrow** /dı dey 'a:ftı tı'morou/
ödemek	**pay** /pey/
ödemeli görüşme	**collect call** /kı'lekt ko:l/
ödev	**homework** /'houmwö:k/

ödül	**award** /ı'wo:d/
ödünç almak	**borrow** /'borou/
ödünç vermek	**lend** /lend/
öğle	**noon** /nu:n/
öğleden sonra	**afternoon** /a:ftı'nu:n/
öğrenci	**student** /'styu:dınt/
öğrenmek	**learn** /lö:n/
öğretmek	**teach** /ti:ç/
öğretmen	**teacher** /'ti:çı/
öğütmek	**grind** /graynd/
öksürük	**cough** /kof/
öküz	**ox** /oks/
ölçmek	**measure** /'mejı/
öldürmek	**kill** /kil/
ölmek	**die** /day/
ölü	**dead** /ded/
ölüm	**death** /det/
ölümcül	**fatal** /'feytıl/
ölümlü, fani	**mortal** /'mo:tıl/
ömür	**lifetime** /'layftaym/
ömür boyu	**lifelong** /'layflong/
ön	**front** /frant/
ön kapı	**front door** /frant do:/

öncam	**windscreen** /'windskri:n/
önermek	**suggest** /sı'cest/
öpmek	**kiss** /kis/
ördek	**duck** /dak/
örgü	**plait** /pleyt/
örgütlemek	**organize** /'o:gınayz/
örmek	**knit** /nit/
örs	**anvil** /'envil/
örtmek	**cover** /'kavı/
örümcek	**spider** /'spaydı/
ötesinde	**behind** /bi'haynd/
övmek	**praise** /preyz/
özel okul	**private school** /'prayvit sku:l/
özel plaj	**private beach** /'prayvit bi:ç/
özlemek	**miss** /mis/
özür dilemek	**apologise** /ı'polıcayz/

P

paça *(pantolon)*	**turn up** /tö:n ap/
pahalı	**expensive** /ik'spensiv/
paket	**packet** /'pekit/
Pakistan	**Pakistan** /pa:ki'sta:n/
palamut	**bonito** /bı'ni:tou/
palto	**overcoat** /'ouvıkout/

pamuklu	**cotton** /'kotın/
Panama	**Panama** /'penıma:/
pancar	**beet** /bi:t/
panç	**punch** /panç/
pandantif	**pendant** /'pendınt/
pankreas	**pancreas** /'penkriıs/
pansiyon	**boarding house** /bo:ding haus/
pantolon	**trousers, pants** /'trauzıs, pents/
pantolon askısı	**braces** /breysiz/
panter	**panther** /'pentı/
papağan	**parrot** /'perıt/
papatya	**daisy** /'deyzi/
papaz	**priest** /pri:st/
papyon kravat	**bow tie** /bou tay/
para	**money** /'mani/
para birimi	**currency** /'karınsi/
para kesesi	**coin purse** /koyn pö:s/
Paraguay	**Paraguay** /'perıgway/
paralel bar	**parallel bars** /'perılıl ba:z/
paralı yol	**toll road** /'toul roud/
parça	**piece** /pi:s/
pardösü	**overcoat** /'ouvıkout/
parfüm	**perfume** /'pö:fyu:m/

park	**park** /pa:k/
park yeri	**parking** /'pa:king/
parlak *(renk)*	**bright *(colour)*** /brayt (*'kalı*)/
parlamak	**shine** /şayn/
parlatmak	**polish** /'poliş/
parmak	**finger** /'fingı/
pasaport	**passport** /'pa:spo:t/
pasta	**cake** /keyk/
pastane	**pastry shop** /'peystrişop/
pastel boya	**pastel paint** /'pestıl peynt/
pastırma	**pastrami** /'pıstra:mi/
pastil	**lozenge** /'lozinc/
patates	**potato** /pıteytou/
patates çorbası	**potato soup** /pı'teytou su:p/
patates fırında	**roasted potatoes** /'roustid pı'teytouz/
patates kızartma	**fried potatoes** /frayd pı'teytouz/
patates püre	**mashed potatoes** /meşd pı'tey-touz/
patates salatası	**potato salad** /pı'teytou 'selıd/
patates tava	**french fries** /frenç frayz/
paten	**skating** /'skeyting/
patlamak	**burst, explode** /bö:st, ik's-ploud/

patlıcan	**eggplant** /'egpla:nt/
patlıcan turşusu	**pickled aubergines** /'pikıld 'oubıji:nz/
paylaşmak	**share** /şeı/
pazar	**Sunday** /'sandi/
pazartesi	**Monday** /'mandi/
pazı	**biceps** /'bayseps/
peçe	**veil** /veyl/
pembe	**pink** /pink/
pembe dizi	**soap opera** /soup 'oprı/
penaltı	**penalty** /'penılti/
pencere	**window** /'windou/
penguen	**penguin** /'pengwin/
pentatlon	**pentathlon** /pen'tetlın/
perde	**curtain** /'kö:tın/
perde(ler)	**curtains** /'kö:tinz/
pergel	**compass** /'kampıs/
perma	**permanent hair** /'pö:mınınt heı/
peron	**platform** /'pletfo:m/
perşembe	**Thursday** /'tö:zdi/
Peru	**Peru** /pı'ru:/
pervane	**propeller** /prı'pelı/
petrol tankeri	**oil tanker** /oyl 'tenkı/
pınar	**spring** /spring/

pırasa	**leek** /li:k/
pırlanta	**brilliant** /'brilıınt/
pijama	**pyjamas** /'pıca:mız/
pikap	**turntable** /'tö:nteybıl/
pilav	**rice pilaff** /rays pilef/
piliç	**chicken** /'çikın/
piliç kızartma	**roast chicken** /'roust 'çikın/
pilot	**pilot** /'paylıt/
pilot kabini	**cockpit** /'kokpit/
piramit	**pyramid** /'pirımid/
pire	**flea** /fli:/
pirinç çorbası	**rice soup** /rays su:p/
pisibalığı	**plaice** /pleys/
piston	**piston** /'pistın/
pişirmek	**cook** /kuk/
pişman olmak	**regret** /ri'gret/
piyanist	**pianist** /'piınist/
piyano	**piano** /pi'enou/
piyaz	**haricot bean salad** /'herikou bi:n 'selıd/
plaj	**beach** /bi:ç/
plaka	**licence plate** /'laysıns pleyt/
platin	**platinum** /'pletınım/
platinler	**points** /poynts/

Plüton	**Pluto** /'plu:tou/
poker	**poker** /'poukı/
polis *(erkek)*	**policeman** /pı'li:smın/
polis *(kadın)*	**policewoman** /pı'li:swumın/
polisiye (film)	**detective story** /di'tektiv 'sto:ri/
politikacı	**politician** /poli'tişın/
Polonya	**Poland** /'poulınd/
pop müzik	**pop music** /pop 'myu:zik/
porsuk	**badger** /'becı/
portakal	**orange** /'orinc/
portakal suyu	**orange juice** /'orinc cu:s/
Portekiz	**Portugal** /'po:çugıl/
portre	**portrait** /'po:trit/
posta	**post, mail** /poust, meyl/
posta kodu	**area code** /'eıriıkoud/
postacı	**postman** /'poustmın/
postalamak	**post, mail** /poust, meyl/
postane	**post-office** /poust 'ofis/
poz vermek	**pose** /pouz/
prodüktör	**producer** /'prodyu:sı/
profesör	**professor** /prı'fesı/
profesyonel	**professional** /prı'feşınıl/
program	**programme** /'prougrem/

programcı	**programmer** /'prougremı/
prova	**rehearsal** /ri'hö:sıl/
psikolog	**psychologist** /say'kolıcist/
psikoloji	**psychology** /say'kolıci/
puanlı	**dotted** /'dotid/
pudra	**powder** /'paudı/
puma	**cougar** /'ku:gı/

R

radyatör	**radiator** /'reydieytı/
radyo	**radio** /'reydiou/
radyo istasyonu	**radio station** /'reydiou 'steyşın/
rafting	**rafting** /'ra:fting/
rahatsız etmek	**disturb** /di'stö:b/
rakı	**raki** /reki/
rakip	**opponent** /ı'pounınt/
rastlamak	**bump into** /bamp intu/
ray	**rail** /'reyl/
razı olmak	**agree** /ı'gri:/
reçete	**prescription** /pris'kripşın/
reddetmek	**refuse** /ri'fyu:z/
reklamcı	**advertiser** /'edvıtayzı/
reklamlar	**commercials** /kı'mö:şılz/
rekor	**record** /'reko:d/

rende, planya	**plane** /pleyn/
rengeyiği	**reindeer** /'reyndiı/
renk	**colour** /'kalı/
renk tonu	**tint** /tint/
renkli	**coloured** /'kalıd/
renkli kalem	**colour pen** /'kalı pen/
renksiz	**colourless** /'kalılıs/
resepsiyon	**reception** /ri'sepşın/
resepsiyoncu	**receptionist** /ri'sepşınist/
resim	**art** /a:t/
resmi daire	**government office** /'gavımınt 'ofis/
ressam	**artist** /'a:tist/
revir	**infirmary** /in'fö:mıri/
rezene	**fennel** /'fenıl/
rıhtım	**quay** /ki:/
rica etmek	**request** /ri'kwest/
rimel	**mascara** /mı'ska:rı/
ringa	**herring** /'hering/
rol	**part, role** /pa:t, roul/
rol yapmak	**act** /ekt/
rom	**rum** /ram/
Romanya	**Romania** /ru:'meyniı/
romatizma	**rheumatism** /'ru:mıtizım/

rot	**rod** /rod/
rota	**course** /ko:s/
rozbif	**roastbeef** /'roustbi:f/
römorkör	**tug** /tag/
röntgen	**x ray** /'eksrey/
rötar	**delay** /di'ley/
ruhsat	**registration card** /reci'streyşın ka:d/
ruj	**lipstick** /lipstik/
rulet	**roulette** /ru:let/
Rusya	**Russia** /'raşı/
rüya görmek	**dream** /dri:m/
rüzgâr	**wind** /wind/

S

saat *(60 dakika)*	**hour** /'auı/
saat kayışı	**watchband** /woç bend/
saatçi	**watch repairer** /woç ri'peırı/
sabah	**morning** /'mo:ning/
sabırlı	**patient** /'peyşınt/
sabırsız	**impatient** /im'peyşınt/
sabun	**soap** /soup/
saç	**hair** /heı/
saç biçimi	**hairstyle** /'heıstayl/
saç fırçası	**hairbrush** /'heıbraş/

saç kremi	**hair cream** /heıkri:m/
saç kurutma makinesi	**hair dryer** /'heıdrayı/
saç rengi	**colour of hair** /'kalı ov heı/
saç spreyi	**hair spray** /heısprey/
saç tıraşı olmak	**have a haircut** /hev ı heıkat/
saç tokası	**hairpin** /heıpin/
sade neskafe	**black coffee** /blek 'kofi/
sade, düz	**plain** /'pleyn/
sadık	**faithful** /'feytfıl/
saf, bön, toy	**naive** /nay'i:v/
safir	**sapphire** /'sefayi/
safra kesesi	**gall bladder** /go:l 'bledı/
sağ	**live** /'layv/
sağır	**deaf** /def/
sağlamak	**provide** /prı'vayd/
sağlık	**health** /helt/
sahip olmak	**have, own** /hev, oun/
sahne	**stage** /steyc/
sahtekâr	**dishonest** /dis'onist/
sakal	**beard** /biıd/
sakar	**clumsy** /'klamzi/
sakınmak	**avoid** /ı'voyd/
sakin, rahat	**calm** /ka:m/

saklanmak	**hide** /hayd/
saksağan	**magpie** /'megpay/
saksofon	**saxophone** /'seksıfoun/
sal	**raft** /ra:ft/
salam	**salami** /sı'la:mi/
salamura	**marinated** /'merineytid/
salata sosu	**salad dressing** /'selıd 'dresing/
salatalık	**cucumber** /'kyu:kambı/
salatalık turşusu	**pickled cucumbers** /'pikıld 'kyu:kambız/
salgın hastalık	**epidemic** /epi'demik/
salı	**Tuesday** /'ti:uzdi/
sallamak	**shake** /şeyk/
salon	**lounge** /launc/
salon güvertesi	**saloon deck** /sı'lu:n dek/
salyangoz	**snail** /'sneyl/
Samanyolu	**milky way** /milki wey/
samimi	**sincere** /sin'siı/
samimiyetsiz	**insincere** /insin'siı/
samur	**sable** /'seybıl/
sanat galerisi	**art gallery** /a:t 'gelıri/
sanat tarihi	**history of art** /'histıri ov a:t/
sanatçı	**artist** /'a:tist/
sanatoryum	**sanatorium** /senı'to:riım/

sanayici	**industrialist** /in'dastriılist/
sandal	**rowing boat** /'rouwing bout/
sandalye	**chair** /çeı/
saniye	**second** /'sekınd/
sansar	**marten** /'ma:tın/
santral görevlisi	**telephonist** /tı'lefınist/
santral memuru	**telephone operator** /'telifoun 'opıreytı/
sara	**epilepsy** /'epilepsi/
saray	**palace** /'pelıs/
sardalye	**sardine** /'sa:di:n/
sargı bezi	**bandage** /'bendic/
sarı	**yellow** /'yelou/
sarı ışık	**yellow light** /'yelou layt/
sarılık	**jaundice** /'co:ndis/
sarışın *(bayan)*	**blonde** /blond/
sarışın *(erkek)*	**blond** /blond/
sarmak	**wrap** /rep/
sarmısak	**garlic** /'ga:lik/
satın almak	**buy** /bay/
satmak	**sell** /sel/
Satürn	**Saturn** /'setın/
sauna	**sauna** /'saunı/
savaş filmi	**war film** /wo: film/

savcı	**prosecutor** /'prosikyu:tı/
savunma	**defence** /di'fens/
savunmak	**defend** /di'fend/
saygın	**respectable** /ri'spektıbıl/
saymak *(sayı)*	**count** /kaunt/
sazan	**carpfish** /'ka:pfiş/
sebze çorbası	**vegetable soup** /'vectıbıl su:p/
seçmek	**choose** /çu:z/
seçmeli ders	**optional subject** /'opşınıl sab'cikt/
sedye	**stretcher** /'streçı/
sefil	**miserable** /'mizrıbıl/
segmanlar	**piston rings** /pistın ringz/
sehpa	**coffee table** /'kofi teybıl/
sekiz	**eight** /eyt/
sekizinci	**eighth** /eyt/
sekreter	**secretary** /'sekrıtiri/
seksen	**eighty** /'eyti/
sekseninci	**eightieth** /'eytiıt/
selâmlamak	**greet** /gri:t/
seloteyp	**sticking plaster** /'stiking pla:stı/
seminer	**seminar** /semi'nı/
semizotu	**purslane** /pö:sleyn/
sempatik	**likable** /'laykıbıl/

sendikacı	**trade unionist** /treyd 'yu:nıınist/
senfoni	**symphony** /'simfıni/
sepet	**basket** /'ba:skit/
serçe	**sparrow** /'sperou/
serçeparmak	**little finger** /'litıl 'fingı/
sergi	**exhibition** /eksi'bişın/
sergilemek	**display** /dis'pley/
sertifika	**certificate** /sı'tifikıt/
serum	**serum** /'siırım/
servis	**service** /'sö:vis/
ses	**voice** /voys/
sessiz olmak	**be quiet** /bi 'kwayıt/
sessiz, sakin	**quiet** /'kwayıt/
sevimli, tatlı	**nice** /nays/
sevmek	**like, love** /layk, lav/
sevmemek	**dislike** /dis'layk/
seyahat etmek	**travel** /'trevıl/
seyirci	**audience** /'o:dyıns/
seyretmek	**watch** /woç/
sezon	**season** /'si:zın/
sıcak	**hot** /hot/
sıcak süt	**hot milk** /hot milk/
sıçan	**rat** /ret/

sıfır	**zero** /'ziırou/
sığ	**shallow** /'şelou/
sığırcık	**starling** /'sta:ling/
sık sık	**often** /'ofın/
sıkıcı	**boring** /'bo:ring/
sıkvaş	**squash** /skwoş/
sınamak	**examine** /ig'zemin/
sınav	**examination** /igzemi'neyşın/
sınıf	**class** /kla:s/
sınır	**border** /'bo:dı/
sıra	**row** /rou/
sıralamak	**enumerate** /i'nyu:mıreyt/
sırıkla atlama	**pole vault** /poul vo:lt/
sırt	**back** /bek/
sırt ağrısı	**backache** /'bekeyk/
sıska	**skinny** /'skini/
sızı	**pain** /peyn/
sifon	**toilet flush tank** /'toylit flaş tenk/
sigortacı	**insurer** /in'şu:rı/
silgi	**rubber, eraser** /r'abı, ı'reyzı/
silindir	**cylinder** /'silindı/
silmek	**erase, wipe** /i'reyz, wayp/
sinagog	**synagogue** /'sinıgog/

sincap	**squirrel** /'skwirıl/
sindirim	**digestion** /day'cesşın/
sinek	**fly** /flay/
sinema	**cinema** /'sinımı/
sinir	**nerve** /nö:v/
sinyaller	**indicators** /'indikeytız/
sipariş vermek	**order** /'o:dı/
sis	**fog** /fog/
sisli	**foggy** /fogi/
sistem analisti	**system analyst** /'sistım 'enılist/
sit alanı	**protected area** /prı'tektid 'eıriı/
sivilce	**acne** /'ekni/
sivrisinek	**mosquito** /mı'ski:tou/
siyah	**black** /blek/
siyah kehribar	**jet** /cet/
skor	**score** /sko:/
smokin	**tuxedo** /tak'si:dou/
soda	**soda** /'soudı/
soğan	**onion** /anıın/
soğuk	**cold** /kould/
soğuk algınlığı	**cold** /kould/
soğuk et tabağı	**cold meat plate** /kould mi:t pleyt/
soğukkanlı	**cold-blooded** /kold'bladid/

sohbet etmek	**chat** /çet/
sokak	**road** /roud/
solak	**left-handed** /left'hendid/
solgun	**pale** /peyl/
solist	**soloist** /'soulouist/
solucan, kurt	**worm** /wö:m/
soluk *(renk)*	**pale *(colour)*** /peyl *('kalı)*/
soluk borusu	**windpipe** /'windpayp/
soluk tenli	**sallow** /'selou/
som (balığı)	**salmon** /'semın/
Somali	**Somalia** /sı'ma:liı/
somun anahtarı	**spanner** /'spenı/
sonbahar	**autumn** /'o:tım/
sonuç	**result** /ri'zalt/
soprano	**soprano** /sı'pra:nou/
sormak	**ask** /a:sk/
soru	**question** /'kwesçın/
sosis	**hot dog, sausage** /hot dog, 'sosic/
soyadı	**surname** /'sö:neym/
soyunmak	**undress** /an'dres/
sörfçülük	**surfing** /'sö:fing/
söylemek	**say, tell** /sey, tel/
söz vermek	**promise** /'promis/

sözünü kesmek	**interrupt** /intı'rapt/
spagetti	**spaghetti** /'spageti/
spiker	**announcer** /ı'naunsı/
spor	**sports** /spo:ts/
spor araba	**sports car** /'spo:ts ka:/
spor ayakkabı	**sports shoes** /'spo:tsşu:z/
spor kulübü	**sports club** /'spo:ts klab/
sporcu *(bayan)*	**sportswoman** /'spo:tswumın/
sporcu *(erkek)*	**sportsman** /'spo:tsmın/
sportoto	**football pools** /'futbo:l pu:lz/
stadyum	**stadium** /'steydiım/
sterlin	**pound, sterling** /paund, stö:ling/
steyşın	**station wagon** /'steyşın wegın/
stop lambası	**rear light** /riılayt/
su	**water** /'wo:tı/
su kayağı	**water skiing** /'wo:tı 'ski:ing/
su tesisatçısı	**plumber** /'plambı/
subay	**officer** /'ofisı/
sucuk	**Turkish salami** /'tö:kiş sı'la:mi/
suçiçeği	**chicken pox** /'çikin poks/
suçlamak	**accuse, blame** /ı'kyu:z, bleym/
Sudan	**Sudan** /su:'dan/

sufle çeşitleri	**souffle varieties** /'su:fley vırayıti:z/
sulu boya	**water colours** /'wo:tı kalız/
suluboya	**waterpaint** /'wo:tıpeynt/
sumen	**blotting pad** /'bloting ped/
sundurma	**porch** /po:ç/
suni ipek	**artificial silk** /a:ti'fişıl silk/
sunucu	**compere** /'kompeı/
supap	**valve** /velv/
supap yayı	**valve springs** /velv springz/
Suriye	**Syria** /'siriı/
susamak	**be thirsty** /bi 'tö:sti/
sutyen	**bra** /bra:/
Suudi Arabistan	**Saudi Arabia** /saudi ı'reybiı/
süet	**suede** /sweyd/
sülün	**pheasant** /'fezınt/
sümbül	**hyacinth** /'hayısint/
sümüklüböcek	**slug** /slag/
sünger	**sponge** /spanc/
süpürmek	**sweep** /swi:p/
sürahi	**jug** /cag/
sürat teknesi	**powerboat** /'pauıbout/
süresince	**during** /dyu:ring/
sürmek *(oto)*	**drive** /drayv/

sürmek	**rub** /rab/
sürüklemek	**drag** /dreg/
sürüngen	**reptile** /'reptayl/
sürünmek	**creep** /kri:p/
süslemek	**decorate** /'dekıreyt/
süspansiyon	**suspension** /sı'spenşın/
sütlaç	**rice pudding** /rays 'puding/
sütlü neskafe	**white coffee** /wayt 'kofi/
süveter	**sweater** /swetı/

Ş

şafak	**dawn** /do:n/
şaft	**shaft** /şaft/
şahin, doğan	**falcon** /'fo:lkın/
şaka yapmak	**joke** /couk/
şal	**shawl** /şo:l/
şalgam	**turnip** /'tö:nip/
şamandıra	**float** /'flout/
şampanya	**champagne** /şem'peyn/
şampiyon	**champion** /'çempyın/
şampuan	**shampoo** /şem'pu:/
şanslı	**lucky** /'laki/
şanssız	**unlucky** /an'laki/
şanzıman	**gearbox** /'giıboks/

şapka	**hat** /het/
şarap	**wine** /wayn/
şarkı	**song** /song/
şarkı söylemek	**sing** /sing/
şarkıcı	**singer** /'singı/
şaşırtmak	**surprise** /sı'prayz/
şeftali	**peach** /pi:ç/
şeftali suyu	**peach juice** /pi:ç cu:s/
şekerlik	**sugar bowl** /'şugıboul/
şelale	**waterfall** /'wo:tıfo:l/
şempanze	**chimpanzee** /çimpen'zi:/
şemsiye	**umbrella** /am'brelı/
şen şakrak	**vivacious** /vi'veyşıs/
şen, neşeli	**cheerful** /'çiıfıl/
şevkli, gayretli	**zealous** /'zelıs/
şeytani	**wicked** /'wikid/
şezlong	**deckchair** /'dekçeı/
şımarık	**spoiled** /spoyld/
şımartmak	**spoil** /spoyl/
şırınga	**syringe** /si'rinc/
şikâyet	**complaint** /kım'pleiynt/
şikâyet etmek	**complain** /kım'pleyn/
şilep	**freighter** /'freytı/

şimdi	**now** /nau/
şimşek	**lightning** /'laytning/
şirin	**cute** /kyu:t/
şişkebabı	**shish kebap** /'şiş kı'beb/
şiş(ler)	**skewers** /'skyu:ız/
şiş, şişkinlik	**swelling** /'sweling/
şişe açacağı	**bottle opener** /botıl oupını/
şişman	**fat** /fet/
şnitzel	**schnitzel** /'şnitsıl/
şoför	**driver** /'drayvı/
şort	**shorts** /şo:ts/
şömine	**fire place** /'fayıpleys/
şubat	**February** /'februıri/
şüphelenmek	**suspect** /sı'spekt/

T

taahhütlü	**registered** /'recistıd/
tabak	**plate** /pleyt/
tabaklık	**dish rack** /diş rek/
tablet	**pill** /pil/
tablo	**painting** /'peynting/
tabut	**coffin** /'kofin/
tahmin etmek	**guess** /ges/
takdim etmek	**present** /pri'zent/

takdir etmek	**appreciate** /ı'pri:şieyt/
takım	**team** /ti:m/
takım elbise	**suit** /su:t/
takip etmek	**follow** /'folou/
taklit etmek	**imitate** /'imiteyt/
takma ad	**nickname** /'nikneym/
taksi	**taxi** /'teksi/
taksi durağı	**taxi stop** /'teksi stop/
takvim	**calendar** /'kelındı/
talep etmek	**demand** /di'ma:nd/
talk pudrası	**talcum powder** /'telkım 'paudı/
tam pansiyon	**full board** /ful bo:d/
tamamlamak	**complete** /kım'pli:t/
tamir etmek	**repair, mend** /ri'peı, mend/
tamirci	**mechanic** /mi'kenik/
tampon	**bumper** /'bampı/
tandır	**roasted in an oven** /'roustıd in ın ovın/
tango	**tango** /'tengou/
tanımak	**recognize** /'rekıgnayz/
tanımlamak	**describe** /di'skrayb/
tanıştırmak	**introduce** /intrı'dyu:s/
tanker	**tanker** /'tenkı/
tarafından	**by** /bay/

taraftar	**supporter** /sı'po:tı/
tarak	**comb** /koum/
tarama	**fish roe salad** /fiş rou 'selıd/
taramak	**comb** /koum/
tarçın	**cinnamon** /'sinımın/
tarife	**timetable** /'taymteybıl/
tarifeli sefer	**scheduled flight** /'şedyu:ld flayt/
tarih	**history** /'histıri/
tarihi film	**historical film** /hi'storikıl film/
tarlakuşu	**lark** /la:k/
tartışmak	**discuss, argue** /dis'kas, 'a:gyu:/
tartmak	**weigh** /wey/
tas kebabı	**goulash** /gu:leş/
taşımak	**carry** /'keri/
tatmak	**taste** /teyst/
tava	**frying-pan** /'frayingpen/
tavan	**ceiling** /'si:ling/
tavla	**backgammon** /'bekgemın/
tavsiye etmek	**advise** /ıd'vayz/
tavşan	**rabbit** /'rebit/
tavuk	**hen** /hen/
tavuk çorbası	**chicken soup** /'çikın su:p/

tavuk söğüş	**cold chicken** /kould 'çikın/
tavuskuşu	**peacock** /'pi:kok/
tay	**colt** /koult/
Tayland	**Thailand** /'taylend/
Tayvan	**Taiwan** /tay'wa:n/
tayyör, döpiyes	**suit** /su:t/
taze	**fresh** /'freş/
taze mısır çorbası	**sweet corn soup** /swi:t ko:n su:p/
tebeşir	**chalk** /ço:k/
tebrik etmek	**congratulate** /kın'greçuleyt/
tecrübe etmek	**experience** /ik'spiıriıns/
tedarik etmek	**supply** /sı'play/
tedavi	**treatment** /'tri:tmınt/
tedavi etmek	**cure** /kyuı/
tedbirli	**cautious** /'ko:şıs/
tehdit etmek	**threaten** /'tretın/
tek yönlü trafik	**one way traffic** /wan wey 'tre-fik/
tekerlekler	**wheels** /wi:lz/
tekerlekli paten	**roller skate** /'roulı skeyt/
tekir	**striped red mullet** /straypt red 'malit/
tekler	**singles** /'singılz/

teklif etmek	**offer** /'ofı/
tekme atmak	**kick** /kik/
teknisyen	**technician** /tek'nişın/
tekrarlamak	**repeat** /ri'pi:t/
teksir makinesi	**duplicator** /'dyu:plikeytı/
tekvando	**taekwando** /'tekwandou/
tel	**wire** /'wayı/
tel fırça	**wire brush** /'wayı braş/
tel raptiye	**staple** /'steypıl/
tel zımba	**stapler** /'steyplı/
telaffuz etmek	**pronounce** /prı'nauns/
teleferik	**cable car** /'keybıl ka:/
telefon	**telephone** /'telifoun/
telefon etmek	**telephone, phone** /'telifoun, foun/
telefon jetonu	**telephone token** /'telifoun toukın/
teleks	**telex** /'teleks/
televizyon	**television** /'telivijın/
televizyon istasyonu	**tv station** /ti:vi: 'steyşın/
telgraf	**telegram** /'teligrem/
telsiz odası	**wireless room** /'wayılıs rum/
temas kurmak	**contact** /'kontekt/
tembel	**lazy** /leyzi/

temizlemek	**clean** /kli:n/
temmuz	**July** /cu:'lay/
temsil	**performance** /pı'fo:mıns/
temsil etmek	**represent** /repri'zent/
tencere	**saucepan** /'so:spen/
teneke	**tin** /tin/
tenis	**tennis** /'tenis/
tenrengi	**tan** /ten/
tentürdiyot	**iodine** /'ayıdi:n/
tepe	**hill** /hil/
tepsi	**tray** /trey/
ter	**sweat** /swet/
teras	**terrace** /'terıs/
tercih etmek	**prefer** /pri'fö:/
tercüman	**interpreter** /in'tö:pritı/
tercüme etmek	**translate** /trenz'leyt/
tere	**cress** /kres/
tereddüt etmek	**hesitate** /'heziteyt/
terk etmek	**abandon** /ı'bendın/
terlik	**slippers** /'slipız/
termometre	**thermometer** /tı'momitı/
termos	**flask** /fla:sk/
termostat	**thermostat** /'tö:mıstet/

terzi	**tailor** /'teylı/
teslim etmek	**deliver** /di'livı/
teslim olmak	**surrender** /sı'rendı/
testere	**saw** /so:/
teşekkür etmek	**thank** /tenk/
teşhis	**diagnosis** /dayıg'nousis/
teyze, hala	**aunt** /a:nt/
tezgâhtar	**shop assistant** /şop ı'sistınt/
tıraş fırçası	**shaving brush** /'şeyving braş/
tıraş kremi	**shaving cream** /'şeyving kri:m/
tıraş losyonu	**after shave lotion** /'a:ftışeyv louşın/
tıraş makinesi	**electric razor** /i'lektrikreyzı/
tıraş olmak	**have a shave** /hev ı şeyv/
tıraş sabunu	**shaving soap** /'şeyving soup/
tırmalamak	**scratch** /skreç/
tırmanmak	**climb** /klaym/
tırnak	**fingernail** /'fingıneyl/
tırnak makası	**nail clippers** /neyl klipız/
tırnak törpüsü	**nail file** /neyl fayl/
tırtıl	**caterpillar** /'ketıpilı/
tilki	**fox** /foks/
timsah	**crocodile** /'krokıdayl/
tişört	**T-shirt** /ti: şö:t/

tiyatro	**theatre** /'tiıtı/
tokat atmak	**slap** /slep/
tokmak	**mallet** /'melit/
ton	**tunny** /tani/
tonik	**tonic** /'tonik/
topaz	**topaz** /'toupez/
toplamak	**collect, pick** /kı'lekt, pik/
toplardamar	**vein** /veyn/
toplu iğne	**pinch** /pinç/
topuk	**heel** /hi:l/
tornavida	**screwdriver** /'skru:drayvı/
torun *(erkek)*	**grandson** /'grensan/
torun *(kız)*	**granddaughter** /'grendo:tı/
torun	**grandchild** /'grençayld/
tost makinesi	**toaster** /toustı/
toz almak	**dust** /dast/
trafik	**traffic** /'trefik/
trafik ışıkları	**traffic lights** /'trefik layts/
trafik kuralları	**traffic rules** /'trefik ru:lz/
traktör	**tractor** /'trektı/
tramvay	**tram** /trem/
trança	**sea bream** /si: bri:m/
transatlantik	**(ocean) liner** /'ouşın 'laynı/

tren	**train** /treyn/
tren istasyonu	**train station** /treyn 'steyşın/
tribün(ler)	**stands** /stendz/
troleybüs	**trolley bus** /'trolibas/
trombon	**trombone** /trom'boun/
trompet	**trumpet** /'trampit/
tuğla	**brick** /brik/
Tunus	**Tunisia** /tyu:'niziı/
turistik mevki	**tourist class** /'tuırist kla:s/
turna	**crane** /kreyn/
turnuva	**tournament** /'tuınımınt/
turp	**radish** /rediş/
turşu	**pickles** /'pikılz/
turta, kek	**pie** /pay/
turuncu	**orange** /'orinc/
tutkal	**glue** /glu:/
tutmak	**hold** /hould/
tutuklamak	**arrest** /ı'rest/
tuval	**canvas** /'kenvıs/
tuvalet *(giysi)*	**evening dress** /'i:vning dres/
tuvalet *(hela)*	**toilet, lavatory** /'toylit, 'levıtri/
tuvalet kâğıdı	**toilet paper** /'toylitpeypı/
tuvalet masası	**dressing table** /'dresing teybıl/

tuz	**salt** /so:lt/
tuzluk	**salt cellar** /solt'selı/
tüccar	**merchant** /'mö:çınt/
tükenmezkalem	**ball pen** /'bo:l pen/
tüketmek	**consume** /kın'syu:m/
tünel	**tunnel** /'tanıl/
türban	**turban** /'tö:bın/
Türk kahvesi	**Turkish coffee** /'tö:kiş 'kofi/
Türk lirası	**Turkish lira** /'tö:kiş lira/
Türkçe	**Turkish** /'tö:kiş/
Türkiye	**Turkey** /'tö:ki/
türkuaz	**turquoise** /'tö:kwoyz/

U

ucuz	**cheap** /çi:p/
uçak	**plane, aircraft** /pleyn, 'eıkra:ft/
uçakla	**by air mail** /bay 'eımeyl/
uçmak	**fly** /flay/
uçuş	**flight** /flayt/
uçuş menzili	**range of flight** /renyc ov flayt/
uçuş zamanı	**flying time** /'flaying taym/
ufak	**small** /smo:l/
Uganda	**Uganda** /yu:'gendı/
uğur boncuğu	**charm** /ça:m/

uğurböceği	**ladybird** /'leydibö:d/
ummak	**expect** /ik'spekt/
umut etmek	**hope** /houp/
unutmak	**forget** /fı'get/
ur	**tumour** /'tyu:mı/
Uranus	**Uranus** /yu'reynıs/
Uruguay	**Uruguay** /'yuırıgway/
uskumru	**mackerel** /'mekrıl/
utangaç	**shy, bashful** /şay, 'beşfıl/
uyanmak	**wake up** /'weyk ap/
uyarlamak	**adapt** /ı'dept/
uyarmak	**warn** /wo:n/
uydu	**orbit** /o:bit/
uydurmak	**make up** /meyk ap/
uygulamak	**apply** /ı'play/
uygun olmak	**suit** /su:t/
uyku ilacı	**sleeping pill** /'sli:ping pil/
uykusuzluk	**insomnia** /'insomniı/
uymak *(giysi)*	**fit** /fit/
uyumak	**sleep** /sli:p/
uyuyakalmak	**fall asleep** /fo:l ı'sli:p/
uzanmak	**lie down** /lay daun/
uzatma	**extend** /iks'tend/

uzay	**space** /speys/
uzaygemisi	**space ship** /speysşip/
uzman	**expert** /'ekspö:t/
uzun	**long** /long/
uzun atlama	**long jump** /'long camp/
uzun boylu	**tall** /to:l/
uzun kollu	**long sleeved** /long 'sli:vd/
uzun metrajlı film	**feature (film)** /'fi:çı (film)/

Ü

üç	three /tri:/
üçgen	**triangle** /'trayengıl/
üçkâğıtçı	**devious** /'di:viıs/
üçlü koltuk	**sofa** /soufı/
üçte bir	**a third** /ı tö:d/
üçüncü	**third** /tö:d/
üflemek	**blow** /blou/
ülser	**ulcer** /'alsı/
üniversite	**university** /yu:ni'vö:siti/
ünlü	**famous** /'feymıs/
Ürdün	**Jordan** /'co:dın/
üretim	**production** /prı'dakşın/
üretken	**productive** /prı'daktiv/
üretmek	**produce** /prı'dyu:s/

ürkek, çekingen	**timid** /'timid/
üst	**top** /top/
üst geçit	**overpass** /'ouvıpa:s/
üst güverte	**upper deck** /'apıdek/
üst karter	**crankcase** /'krenkkeys/
üst kat	**top floor** /top flo:/
üstünde	**on** /on/
ütü	**iron** /'ayın/
ütülemek	**iron** /'ayın/
üvey anne	**stepmother** /'stepmadı/
üvey baba	**stepfather** /'stepfa:dı/
üzerinde	**over** /ouvı/
üzgün	**sad** /sed/
üzgün olmak	**be sad** /bi sed/
üzüm	**grapes** /greyps/

V

vadi	**valley** /'veli/
vagon	**carriage** /'keric/
vahşi	**wild** /wayld/
valilik	**governor's office** /'gavınız 'ofis/
valiz	**luggage** /'lagic/
vapur iskelesi	**boat station** /bout 'steyşın/

var olmak	**exist** /ig'zist/
varış	**arrival** /ı'rayvıl/
varış yeri	**destination** /desti'neyşın/
varil	**barrel** /'berıl/
varmak	**arrive** /ı'rayv/
vasıfsız	**unqualified** /an'kwolifayd/
vasiyet	**will** /wil/
vaşak	**lynx** /links/
vazelin	**vaseline** /'vesilin/
vazgeçmek	**give up** /giv ap/
vazo	**vase** /va:z/
vefalı, sadık	**loyal** /'loyıl/
Venezuela	**Venezuela** /veni'zweylı/
Venüs	**Venus** /vi:nıs/
verem	**tuberculosis** /tiubö:'kiulousis/
vermek	**give** /giv/
vestiyer	**cloakroom** /'kloukrum/
veteriner	**veterinary** /'vetırinıri/
veznedar	**treasurer** /'trejırı/
vida	**screw** /skru:/
video oynatıcı	**video player** /'vidioupleyı/
Vietnam	**Vietnam** /vyet'nem/
villa	**villa** /'vilı/

viraj	**curve, bend** /kö:v, bend/
viski	**whisky** /'wiski/
vişne	**morello** /mı'relou/
vişne suyu	**morello cherry juice** /mı'relou çeri cu:s/
vitamin hapı	**vitamin pills** /'vitımin pilz/
vize	**visa** /'vi:zı/
vokalist	**vocalist** /'voukılist/
voleybol	**volleyball** /'volibo:l/
votka	**vodka** /'vodkı/
vurmak	**hit, strike** /hit, strayk/
vücut	**body** /badi/
vücut geliştirme	**body building** /'bodi'bilding/

Y

yabanarısı	**bumble-bee** /'bambılbi:/
yabancı para	**foreign money** /'forın mani/
yağ filtresi	**oil filter** /oyl 'filtı/
yağlı boya	**oils** /oylz/
yağlıboya	**oilpaint** /'oylpeynt/
yağmur	**rain** /reyn/
yağmurlu	**rainy** /reyni/
yağmurluk	**raincoat** /'reynkout/
yaka	**collar** /'kolı/
yakalamak	**catch** /keç/

yakışıklı	**handsome** /'hensım/
yakıt tankı	**fuel tank** /fyu:l tenk/
yaklaşmak	**approach** /ı'prouç/
yakmak	**burn, light** /bö:n, layt/
yakut	**ruby** /'ru:bi/
yalamak	**lick** /lik/
yalnız	**lonely** /'lounli/
yalvarmak	**plead** /pli:d/
yanak	**cheek** /çi:k/
yanardağ	**volcano** /vol'keynou/
yanık	**burn** /bö:n/
yanında	**near** /niı/
yanlış anlamak	**misunderstand** /misandı'stend/
yansıtmak	**reflect** /ri'flekt/
yapıştırıcı	**adhesive** /ıd'hi:siv/
yapıştırmak	**stick** /stik/
yapmak	**do, make** /du:, meyk/
yara	**wound** /wund/
yara bandı	**band-aids** /'bendeydz/
yarasa	**bat** /bet/
yaratıcı	**inventive** /'inventiv/
yaratmak	**create** /kri'eyt/
yardım etmek	**help** /help/

yardımsever	**helpful** /'helpfıl/
yarı final	**semi final** /semi 'faynıl/
yarım	**half** /ha:f/
yarımada	**peninsula** /pı'ninsyulı/
yarın	**tomorrow** /tı'morou/
yarış	**race** /reys/
yarışma	**competition** /kompı'tişın/
yarışmacı	**competitor** /kım'petitı/
yasaklamak	**forbid** /fı'bid/
yastık	**pillow** /'pilou/
yaş	**age** /eyc/
yaşamak	**live** /liv/
yaşında	**aged** /'eycd/
yaşlı	**old** /ould/
yat	**yacht** /yot/
yatak	**bed** /bed/
yatak odası	**bedroom** /'bedrum/
yatak örtüsü	**bedspread** /'bedspred/
yataklı vagon	**sleeping car** /'sli:ping ka:/
yatçılık	**yachting** /'yoting/
yatılı okul	**boarding school** /'bo:ding sku:l/
yavaş	**slow** /slou/
yay	**spring** /spring/

yaya	**pedestrian** /pi'destriın/
yaya kaldırımı	**pavement** /'peyvmınt/
yayımcı	**publisher** /'pablişı/
yayın yapmak	**broadcast** /'bro:dka:st/
yayınbalığı	**catfish** /ketfiş/
yayla	**plateau** /'pletou/
yayla çorbası	**highland soup** /'haylend su:p/
yaymak	**spread** /spred/
yaz	**summer** /'samı/
yazar	**author** /'o:tı/
yazı tahtası	**writing board** /'rayting bo:d/
yazıcı	**printer** /'printı/
yazılı sınav	**written test** /'ritın test/
yazlık elbise	**summer dress** /'samıdres/
yazmak	**write** /rayt/
yedi	**seven** /'sevın/
yedinci	**seventh** /'sevınt/
yeğen *(erkek)*	**nephew** /'nefyu:/
yeğen *(kız)*	**niece** /'ni:s/
yelek	**waistcoat** /'weyskout/
yelkencilik	**sailing** /'seyling/
yelkenli	**sailing boat** /'seyling bout/
yemek	**eat** /i:t/

yemek borusu	**oesophagus** /i:'sofıgıs/
yemek odası	**dining room** /'dayning rum/
yemek salonu	**dining room** /'dayning rum/
yemekli vagon	**dining car, diner** /'dayning ka:, 'daynı/
Yemen	**Yemen** /'yemın/
yengeç	**crab** /kreb/
yeni	**new** /nyu:/
yeni doğmuş	**newly-born** /'nyuli bo:n/
Yeni Zelanda	**New Zealand** /nyu: 'zi:lınd/
yenileme	**renew** /ri'nyu:/
yenilgi	**defeat** /'difi:t/
yenmek	**defeat** /di'fi:t/
yer ayırtma	**reservation** /rezı'veyşın/
yer ayırtmak	**book, reserve** /buk, ri'zö:v/
yerleştirmek	**place** /pleys/
yeşil	**green** /gri:n/
yeşil ışık	**green light** /gri:n layt/
yeşil salata	**green salad** /gri:n 'selıd/
yeşil soğan	**chives** /çayvz/
yeşim	**jade** /ceyd/
yetenekli	**talented** /'telıntid/
yetişememek	**miss** /mis/
yetişkin	**adult** /ı'dalt/

yetişmek *(bitki)*	**grow** /grou/
yetişmek	**catch** /keç/
yetmiş	**seventy** /'sevınti/
yetmişinci	**seventieth** /'sevıntiıt/
yıkamak	**wash** /wo:ş/
yıl	**year** /yiı/
yılan	**snake** /sneyk/
yılanbalığı	**eel** /i:l/
yıldırım	**thunderbolt** /'tandıbolt/
yıldız	**star** /sta:/
yırtmak	**tear** /teı/
yirmi	**twenty** /'twenti/
yirmi birinci	**twenty-first** /'twenti fö:st/
yirmi dördüncü	**twenty-fourth** /'twenti fo:t/
yirmi ikinci	**twenty-second** /'twenti 'sekınd/
yirmi üçüncü	**twenty-third** /'twenti tö:d/
yirminci	**twentieth** /'twentiıt/
yoğurt	**yoghurt** /'yogıt/
yok etmek	**demolish** /di'moliş/
yoksun olmak	**lack** /lek/
yol	**road** /roud/
yol göstermek	**guide** /gayd/
yolcu	**passenger** /'pesincı/

yolcu gemisi	**passenger ship** /'pesincışip/
yolculuk	**journey** /'cö:ni/
yorgan	**quilt** /kwilt/
yorgun	**tired** /'tayıd/
yön	**direction** /'direkşın/
yönetmek	**direct** /di'rekt, day'rekt/
yönetmelikler	**regulations** /regyu'leyşınz/
yönetmen	**director** /di'rektı/
yukarısında	**above** /ı'bav/
yumruk	**fist** /fist/
yumruklamak	**punch** /panç/
yumurtalık	**eggcup** /'egkap/
Yunanistan	**Greece** /gri:s/
yunus	**dolphin** /'dolfin/
yurt içi görüşme	**domestic call** /dı'mestik ko:l/
yusufçuk	**dragonfly** /'dregınflay/
yüksek atlama	**high jump** /'hay camp/
yüksek lisans	**master's degree** /'ma:stız di'gri:/
yükseklik	**height** /hayt/
yünlü	**wool** /wul/
yürümek	**walk** /wo:k/
yüz *(100)*	**one hundred** /wan 'handrıd/
yüz *(surat)*	**face** /feys/

yüz havlusu	**face cloth** /feys klout/
yüz pudrası	**face powder** /feys ‘paudı/
yüzde	**per cent** /pı’sent/
yüzme	**swimming** /'swiming/
yüzme havuzu	**swimming pool** /'swiming pu:l/
yüzmek	**swim** /swim/
yüzük	**ring** /ring/
yüzükparmağı	**ring finger** /ring 'fingı/
yüzüncü	**one hundredth** /wan 'handrıdt/
yüzyıl	**century** /'sençıri/

Z

zalim, gaddar	**cruel** /'kru:ıl/
Zambiya	**Zambia** /'zembiı/
zamk	**glue** /glu:/
zannetmek	**suppose** /sı'pouz/
zar	**dice** /days/
zarar vermek	**harm** /ha:m/
zarf	**envelope** /'enviloup/
zargana	**sea-pike** /'si:payk/
zarif	**elegant** /'eligınt/
zebra	**zebra** /'zi:brı/
zeki	**intelligent** /in'telicınt/
zemin kat	**basement** /'beysmınt/

zencefil	**ginger** /'cincı/
zengin	**rich** /riç/
zerdali	**wild apricot** /wayld 'eyprik**o**t/
zeytin	**olive** /'**o**liv/
zeytinyağlı	**in olive oil** /in '**o**liv oyl/
zil	**bell** /bel/
zincir	**chain** /çeyn/
ziyaret etmek	**visit** /'vizit/
zor	**difficult** /'difikılt/
zorlamak	**force** /f**o**:s/
zühревi hastalık	**venereal disease** /vı'niırıl di'zi:z/
zümrüt	**emerald** /'emırıld/
zürafa	**giraffe** /ci'ra:f/

handbag(s) el çantası (çantıları

better daha iyi

My wife is a nurse Karım bir hemşire

what is your name? Adiniz ne?

cheaper biraz daha

Too expensive çok pahalı

75 yetmiş beş

50 elli

80 seksen.

90 Doksan

i'll miss you Seni özleyeceğim